Les fantastiques aventures de Surcouf

Christine Lacroix

Les fantastiques aventures de Surcouf

roman

ÉDITIONS FRANCE LOISIRS

Édition du Club France Loisirs,
avec l'autorisation de City Editions.

Éditions France Loisirs,
123, boulevard de Grenelle, Paris.
www.franceloisirs.com

ISBN : 978-2-298-10631-2

Avant-propos

Surcouf est un matou un peu turbulent, un peu espiègle et fanfaron. Il nous raconte dans ce livre les joies, les peines et les pitreries qui ont jalonné sa longue vie de chat de gouttière.

Il nous éclaire sur la coexistence, pas toujours facile, avec les humains et avec son ennemi juré, l'*autre*, Monsieur, ce tigré du quartier qui squatte son jardin.

Son témoignage nous révèle pourquoi une vie sans chat est une existence sans saveur.

Christine Lacroix a partagé quatorze années de vie commune avec nos deux héros. Elle partage maintenant sa maison avec Féenomène, une chatte égarée, Galaup de La Pérouse, son rejeton, et Khéops trouvé en mauvais état dans sa cave. L'auteure ne se rappelle pas un jour de sa vie sans présence féline, même fugitive, à la fenêtre d'un voisin ou sur un lieu de vacances.

Son souhait serait que ce roman donne envie, ne serait-ce qu'à un lecteur, de se rendre dans un refuge pour y adopter le plus ancien locataire, le plus vieux ou le plus cagneux des chats de gouttière.

1

Quand j'étais petit

Le premier son que j'entendis fut « kirk, kirk, kirk ! » J'étais aveugle ; je trouvai ce cri charmant ; je l'imitai de mon mieux. Je fis « kirk, kirk, kirk ! » Quelque chose de râpeux et d'humide me passa sur le nez et le corps ; je criai plus fort. Une sensation de vide au creux de l'estomac m'envahit. On me bouscula. Je donnai un coup de museau pour me défendre. J'ouvris la bouche, et une chose pointue et chaude me remplit la gueule. Je suçai machinalement ce bonbon acidulé, et un liquide mielleux et douceâtre me coula dans la gorge. Je n'avais jamais rien goûté d'aussi bon ; il faut dire que c'était le premier repas de mon existence.

Quelques jours plus tard, après une routine de toilettage, mangeaille et farniente, mes yeux s'ouvrirent sur mon univers. Je ne vis qu'elle, d'abord, ma maman. Une magnifique chatte que le peintre avait bariolée de toutes les couleurs de sa palette. Elle me communiqua tout son amour d'un coup de langue rugueuse sur mon petit museau rose. Je l'aimai immédiatement et me blottis entre ses pattes avant. Aucun de mes frères et sœurs (j'en avais plein, je les compterai plus tard) n'était d'accord. Ils essayèrent de me subtiliser ma place. Je dus me battre griffes et crocs pour la garder.

Je m'endormis, épuisé par ce premier combat, qui ne serait sûrement pas le dernier de ma vie de matou.

Mes deux sœurs que je reconnus aux attributs manquant derrière leurs pattes arrière et mes trois frères étaient pelotonnés dans le nid douillet. L'endroit n'était rien d'autre qu'un landau de bébé abandonné dans une vieille remise, au fond d'un jardin, depuis des années ou même des siècles. Il était poussiéreux à souhait, et de vieux chiffons pleins de graisse et de senteurs diverses en recouvraient le fond. Notre mère avait bien fait les choses : un vrai paradis pour minous. Je m'y sentis à l'aise dès les premières minutes de ma vie.

Notre nourricière était d'une race européenne et se targuait d'être une pure chatte de gouttière. Je croyais au début que ça signifiait qu'elle faisait l'équilibriste, à la nuit tombée, sur toutes les gouttières du quartier, mais, en fait, j'appris plus tard que c'était un nom un peu péjoratif pour désigner les chats qui avaient perdu leurs papiers d'identité à leur naissance, comme nous six d'ailleurs.

Dans quelques semaines, j'allais rencontrer des compagnons qui, eux, étaient moins brouillons et avaient gardé les leurs, comme Monsieur le Persan, Madame de Siamois ou Mademoiselle l'Orientale.

J'étais donc un petit rouquin sans pedigree, mais avec de magnifiques socquettes blanches, surtout au début de ma vie, et souvent grises ou tachetées quand je me mis à arpenter le plancher des vaches. J'ignore pourquoi on appelle ces voies asphaltées le « plancher des vaches », car je n'en ai jamais rencontré. Les seuls animaux à quatre pattes que j'aperçus dans les rues de ma ville furent les chiens, les rats, les lapins et les bébés.

Mes oreilles transparentes et mon petit nez rose trahissaient des gènes albinos ; mais mon plus bel atout, c'étaient mes yeux. J'avais hérité ceux de mon père. (Ma mère me le décrit comme un beau mâle orange aux yeux couleur soleil.) Les miens étaient dorés et imitaient à la perfection les reflets de mon pelage. De ma mère, j'avais hérité les poils blancs de son cou.

Chacun de mes frères et sœurs avait emprunté une teinte de couleur sur une partie différente de son corps. Il y avait Blanchette, minuscule touffe de poils neige comme le dessous de son ventre ; Noirpiaux avait décidé d'imiter le masque facial noir et blanc de notre maman ; Tigre avait un pelage rayé gris comme la queue d'une souris, et son poil angora était tout ébouriffé ; Arc-en-ciel était le parfait clone de notre mère et la plus réussie de la joyeuse troupe. J'apprendrai plus tard que, comme celui de notre maman, son pelage s'appelait du joli nom d'« écaille de tortue ». Le plus costaud, Black, un mâle noir aux yeux verts, était le seul à ne ressembler aucunement à nos parents.

Je savais qu'il mentait quand il me raconta que son père à lui était un « pur gouttière » d'un noir de jais. En colère, je lui donnai un coup de patte et lui signifiai que notre papa à tous était un rouquin aux yeux dorés, ma mère me l'avait dit, un point c'est tout. Notre maman, voyant que l'on se chamaillait à propos de notre lignée, nous rassembla tous les six et nous narra ses nuits d'amour.

— Mon premier coup de foudre fut pour un beau rouquin aux yeux de miel.

Je donnai un coup de tête à mon frangin.

— Tu vois bien que c'est notre père ! lui glissai-je à l'oreille.

— Chut ! Attends ! Écoute la suite de l'histoire !

— Il habitait un magnifique garage plein de bidons d'huile et de vieux chiffons graisseux. Il vint me jouer ici même la sérénade pendant une semaine entière et, quand il chanta vraiment juste, je le suivis dans son appartement surmonté d'un chevron rouge, à l'autre bout du quartier. Nous nous glissâmes sous la porte métallique, et il me déclara son amour. Curieusement, le lendemain, il ne vint pas me voir. Je le revis une semaine plus tard, mais il m'ignora et moi aussi d'ailleurs, car je venais de rencontrer le matou de mes rêves : un chat noir aux yeux vairons, aux poils hirsutes et aux oreilles entaillées.

Ce fut au tour de mon frangin de me donner un coup de patte sur le museau.

— Son œil bleu et son œil vert me fascinèrent, et je tombai sous le charme. Je lui permis de m'honorer dans mon propre jardin. À peine avait-il fini son affaire qu'un gros chartreux – il avait ses papiers sur lui – m'attrapa par le cou et me grimpa dessus. Je le mordis comme je pus, je poussai des hurlements sous la lune. Il me fit très mal car nous restâmes longtemps collés l'un à l'autre. Quand il se dégagea, il évita de justesse l'un de mes crocs et s'enfuit à toutes pattes. Mon beau ténébreux s'était tapi dans un coin du jardin et ne daigna même pas intervenir pour prendre ma défense.

Mon amour pour lui s'envola aussitôt. La nuit suivante, je subis les avances de trois autres traînards, dont un mâle qui s'était camouflé en échiquier.

— C'est mon papa ! murmura Noirpiaux.

— Chut !

— Au bout de quelques mois, je me sentis très fatiguée. Mon ventre se gonflait sous mes pattes, et je pris du poids. J'essayai bien de faire un régime, mais rien n'y fit. J'étais passée de sept livres à huit livres. J'avais déjà visité cette remise et, quand je vis ce vieux landau, je décidai de m'y installer pour faire un somme. Je compris que j'étais enceinte quand Black s'éjecta d'entre mes cuisses, puis Arc-en-ciel et tous les suivants. Je me suis retrouvée avec six souriceaux piaillant et s'agitant dans tous les sens.

Une foule de protestations s'éleva de l'assemblée ; on entendit des bribes de voix.

— Une souris ! Une souris ! Et puis quoi encore ?

— Moi piailler ? Jamais !

— Chut ! Laissons poursuivre maman !

— Chacun de vous a un père différent. Voilà pourquoi vos pelages ne se ressemblent pas. Mais je suis votre unique mère à tous les six.

— Et mon papa, il va venir me voir ? interrogea Blanchette.

— Mes enfants ! Vos pères ne sont pas très fidèles. Chacun d'eux a une grosse progéniture et n'a pas le temps de rendre visite à tous. Ils sont très occupés. Alors, mes petits, vous allez devoir compter sur moi seule.

Après ce long discours, tout le monde eut très faim, et nous nous précipitâmes sur les mamelles juteuses. Maman se coucha sur le côté et ferma les yeux devant ce spectacle de gloutonnerie. Blanchette, la dernière-née et la plus chétive, essaya de se frayer un passage parmi tous ces costauds qui lui barraient l'accès à la friandise. N'y arrivant pas, repoussée de toutes parts, elle se blottit dans un coin de la couche. Cela faisait plusieurs jours qu'elle ne s'alimentait plus, mais personne ne s'en formalisa. On aurait peut-être dû, car, la semaine suivante, nous nous réveillâmes sur un triste matin de deuil. Maman prit la petite boule blanche dans sa gueule et sauta hors du landau. Nous la vîmes sortir de la remise. Quand elle revint, une demi-heure plus tard, Blanchette avait disparu de sa gueule.

Les deux pattes appuyées sur le rebord de notre lit à roulettes, je scrutais l'horizon. J'aurais bien voulu explorer tous les recoins qui s'offraient à ma vue, mais j'étais trop petit pour faire le grand saut qui me séparait du sol. Je me contentai d'admirer cet univers sombre, éclairé par un simple vasistas incorporé dans le toit.

Une étagère couverte de pots de peinture courait le long de deux murs. Nous pouvions deviner la couleur de chaque pot aux coulures sur les côtés ou aux couvercles multicolores. Je dis cela pour ceux qui comprennent quelque chose à la palette du peintre. Moi, ma vue ne me permet pas de voir la vie en rose.

Mais ma vision nocturne affûtée me fit souvent traiter de nyctalope par des gens pourtant très bien élevés. Un râteau, une bêche et un balai reposaient contre un mur, à côté de pots vides de terreau, squattés par de succulentes araignées qui me feraient un excellent dessert dans quelques semaines. Deux poutres en bois, tombées à terre, affichaient de belles rainures faites de pattes de maître. Maman peaufinait son art régulièrement. Je m'y essaierais plus tard, l'imitant de mon mieux, toutes armes dehors. Malgré mon application, je ne réussis jamais une œuvre aussi aboutie que la sienne. Je m'y attaquai pourtant avec les dents et les griffes, mais ma sculpture fut un échec. Des tuiles romaines, empilées en équilibre instable, allaient nous servir de parcours du combattant et nous apprendre l'école du cirque.

Pour ce qui est de combattre, je ne m'en privais pas. Ma sœur et mes frères avaient pris du volume comme moi, et l'oxygène commençait à nous manquer sérieusement dans notre landau fait pour un unique bébé ; nous, nous étions cinq chatons et une mère. Un jour, Black, le plus fort d'entre nous, décida de faire le grand saut, au bas mot quatre-vingts centimètres. Nous le vîmes se dresser sur ses pattes arrière, celles avant posées sur le rebord de notre lit. Il fit ressort avec les postérieures et se propulsa sur le sol en un atterrissage, ma foi, fort bien maîtrisé.

Quatre boules de poils essayèrent de l'imiter, mais sans grand résultat. Les tentatives se soldèrent par des culbutes, des roulades arrière et des sauts stationnaires. Quand maman rentra de sa chasse et qu'elle vit Black au pied du nid, nous nous bouchâmes les lobes et les yeux pour ne pas entendre ni voir sa fureur. Quelle ne fut pas notre surprise de la voir le lécher avec amour et lui dire des mots tendres à l'oreille ! Dès lors, ce fut le préféré de la progéniture. Notre mère, d'un bond leste, atterrit à côté de nous et prit Arc-en-ciel dans sa gueule et, d'un mouvement inverse, la déposa sur le sol à côté de son frère.

Elle recommença la même action trois fois, atterrissant exactement aux mêmes endroits, que ce soit à terre ou dans le landau. C'est ainsi que nous nous retrouvâmes sur le « plancher des vaches » cité plus haut.

L'exploration débuta pour les cinq rejetons. Chacun fut attiré par un coin différent de la remise, celui qu'ils avaient repéré du haut du mirador. Mon instinct dirigea mes pattes directement dans le coin le plus sombre. Je grimpai sur une montagne de matière noire empilée au pied d'un mur et me mis à creuser de mes membres et de ma truffe. J'avais déjà observé ma mère en train de gratter la terre de cette manière dans un autre endroit de la bâtisse. Je l'imitai. J'éternuai cinq fois de suite, ce qui fit se retourner toute la petite troupe. Un seul cri d'effroi sortit de leurs gorges, sauf Black qui montra les dents. Maman m'attrapa par la peau du cou et me secoua comme un prunier. Elle me réprimanda sévèrement :

— Regarde dans quel état tu t'es mis !

J'étais noir de la tête aux pattes. Je m'étais roulé sur le tas de charbon. Adieu mon joli pelage roux et mes socquettes blanches. Je n'étais plus qu'une vulgaire bête noire. On m'avait cloné en Black.

La pluie tambourinait à grosses gouttes à l'extérieur. Ma mère me poussa d'autorité sous la porte et m'obligea à prendre une douche. J'essayai bien de m'échapper, mais elle me maintint sous l'eau. De ce jour, j'eus une sainte horreur de l'eau, préférant de loin le nettoyage à sec. Ma maman se fit arroser par la même occasion.

C'est ainsi que je pus contempler le monde extérieur avant mes frères et ma sœur. De la boue anthracite s'écoulait d'entre mes pattes. Quand la pluie cessa, ma mère compléta ma toilette, me bousculant plus que nécessaire. Je rigolais de voir sa langue se noircir sous le léchage. Quand le soleil darda de nouveau ses rayons, mon poil se transforma en or. J'étais redevenu moi-même. J'en fus soulagé. Je ne voulais pas ressembler à mon frère de sang.

Une fois remis de mes émotions, je repris mes investigations là où je les avais interrompues, ou plutôt à côté, évitant soigneusement le coin sombre qui m'avait apporté tant de malheurs. Des odeurs bizarres me chatouillaient les narines ; tout un monde nouveau s'ouvrait à mes sens. La bêche sentait la terre, le coin des murs sentait les papas, et les tuiles sentaient le soleil. J'éprouvai mon équilibre en m'attaquant à la traversée des poutres par la face sud. Je n'avais pas vu que Noirpiaux s'y était engagé par la face nord, trop occupé que j'étais à me concentrer sur l'obstacle et à contempler la position de mes quatre pattes. C'est facile pour vous les humains de ne synchroniser que deux pattes, mais quatre, vous imaginez ? Nous nous percutâmes le haut du crâne, roulant en un bel ensemble, dans la poussière du sol. Nous en profitâmes pour jouer à la bagarre. Je pris rapidement le dessus, et lui, le dessous. Quand nous nous relevâmes, lui ressemblait à une souris, et moi, à une serpillière.

Nous nous cachâmes de peur de subir une douche et nous léchâmes mutuellement, grimaçant en avalant cette matière peu goûteuse. Quand nous ressortîmes de l'ombre, chacun avait retrouvé figure animale.

Noirpiaux partit vers les tuiles, et moi, vers la lumière. Le dehors m'attirait comme un aimant. Je passai ma frimousse sous la porte et humai l'herbe mouillée. Un régal. Je contemplai le paradis sous le soleil. Le printemps souriait. Une bête vrombissante m'attaqua sans prévenir, comme le voudrait la bienséance.

Je reculai à l'abri, sous l'œil mauvais de ma mère. Elle m'attrapa à nouveau par le col blanc et me déposa au milieu du logis, me faisant comprendre que mon domaine se limitait à ce petit espace. Je fus bien triste de constater que le dehors était uniquement réservé à la toilette humide. Ce monde avait pourtant l'air si amusant !

Je ne savais pas encore que notre mère nous en réservait la visite à un moment plus propice de la journée, ou plutôt de la nuit. Je m'endormis sur un tas de chiffons embaumant le pétrole et la térébenthine, parfums ô combien subtils. Mes frères me regardèrent avec envie. Je refusai catégoriquement de leur laisser la place. Je ne cédai même pas sous les coups de boutoir de Black, qui s'éloigna, penaud, pour se trouver un autre coin.

Nos dix-huit heures de sommeil quotidien exigeaient un lit confortable et sécurisant, attribué à vie. J'avais tout lieu d'être satisfait de ma trouvaille quand je vis Black sauter d'un bond leste dans notre ancien landau de bébé. Je me mis à regretter de n'en avoir pas eu l'idée avant lui. Une certaine rivalité commençait à naître entre nous.

Quand mes quatre paupières s'ouvrirent (eh oui, tout est en double chez nous, les félins : les pattes, les paupières et l'intelligence), la lumière ne filtrait plus sous la porte de l'univers interdit.

J'étirai un à un mes quatre membres engourdis par ces dix heures de sommeil, puis je fis le gros dos et quelques assouplissements de la tête. Il ne faudrait quand même pas se faire un claquage. Puis, comme tous mes frères et sœur, je me précipitai vers ma mère pour un souper tardif ou un petit déjeuner matutinal, comme on voudra, mais quelle ne fut pas notre surprise de la voir nous refuser, à force coups de pattes et de tête, l'accès à son garde-manger ! Nous nous rassemblâmes, dépités, autour de notre nourricière réticente.

— Mes enfants ! Ce soir, vous allez goûter une autre nourriture ! Nous allons à la chasse !

— Youpi ! Super ! Génial ! Trop cool !

Les superlatifs fusaient de toutes les gorges.

— Bon ! Mais, avant tout, de la discipline ! Le monde extérieur est plein de dangers et d'embûches. Vous allez me suivre comme mon ombre, mettre vos traces dans les miennes et rester silencieux. Chacun tiendra la queue du précédent dans sa gueule. Arc-en-ciel ! Derrière moi ! Puis Noirpiaux, Black, Tigre ! Toi, Rayon de soleil, tu fermes la marche et tu surveilles l'arrière !

Ce fut le premier nom de ma longue existence et de loin le plus beau parmi les nombreux autres qui suivirent. Je n'étais pas peu fier de la responsabilité que m'octroya maman. D'un seul coup, je devenais plus beau, plus grand, plus fort que Black. La petite troupe en bon ordre, surtout au début, s'ébranla queues dans gueules et se glissa comme un tram sous la porte, vers les monstres de la nuit. Ce fut tout de suite très drôle.

Une multitude de lampes de poche s'allumaient par intermittence, nous éclairant le chemin. Chacun essaya d'en attraper une, mais, dès qu'on levait une patte, elle s'éteignait. J'appris plus tard que c'étaient des fées électriques, de leur nom scientifique « lucioles ». Leur rôle était d'apporter un peu de lumière, à la noirceur de la nuit, pour guider les voyageurs égarés. Pour notre part, nous n'avions pas besoin de ces lampes d'appoint, chacun étant pourvu du dernier cri en matière de technologie visuelle. Je veux parler de la visée laser infrarouge.

Au bout de cinq minutes, la joyeuse troupe ressemblait plus à un essaim de mouches qu'à une rangée de louveteaux bien disciplinés. Chacun papillonna dans son coin et justement se lança à la chasse aux lépidoptères. Je réussis à en attraper un, après moult bonds en l'air et directs du gauche. Je jouai un peu avec lui. Il voltigeait devant mon nez, groggy par mon coup de patte. Il craqua délicatement sous la dent, et un jus amer me coula dans la bouche. Un délice. J'en aurais bien croqué un deuxième, mais ce n'était pas facile sans filet à papillons. Maman reconstitua la troupe éparpillée.

— Avez-vous faim ?

Un chœur répondit :

— Oh oui !

— Alors, suivez-moi !

Nous nous dirigeâmes vers un grand bâtiment gris. Elle grimpa les trois marches du perron, non sans avoir balancé un regard inquiet de droite et de gauche. Un divin fumet réveilla mon odorat, et je fus le premier à tomber sur la chose : une gamelle en plastique bleu ciel, marquée TOUTOU en grosses lettres rouges et remplie d'une pâtée digne d'une comtesse. Je fus également le premier à passer la langue sur le mélange.

C'était salé à souhait et un peu amer, tout à fait à mon goût de félin. J'avalai tout rond, mais, au bout de trois bouchées, une vague de poils multicolores me submergea, pareille à une mêlée de rugby. Je laissai le butin et m'éloignai pour régurgiter une substance intacte. Peut-être avais-je mangé ce premier repas consistant un peu trop vite ? La prochaine fois, c'est promis, je dégusterais.

Quand la gamelle du chien fut lavée, récurée et nettoyée par cinq langues dotées d'un grattoir des plus efficaces et d'un bactéricide de première qualité, nous suivîmes notre guide vers un autre terrain de jeux. L'herbe haute du jardin nous chatouillait les narines. D'instinct, nous rampions, mimant notre mère, quand nous la vîmes bondir toutes pattes en avant. Elle nous présenta sa proie frémissante au bout de sa gueule, un petit mulot gris qui nous observait de ses jolis yeux noirs larmoyants. Il piaillait à nos oreilles. Elle le libéra. Il s'enfuit, affolé, dans la mauvaise direction, en l'occurrence la nôtre. Black abattit un peu rudement sa patte sur le dos du rongeur qui mourut sur le coup. Maman nous apprit à le dépecer minutieusement. Chacun en eut une minuscule part. C'était difficile à manger, dur et élastique, obligeant à mastiquer longuement. Cette fois, je ne vomis pas.

La nuit se passa en repérage des lieux, en découverte de senteurs diverses et inconnues, et en chasse gustative. J'étais le champion du saut en hauteur. Votre serviteur réussit même à capturer tout seul Batman en personne.

La chauve-souris en dessert reste un mets délicat et savoureux. Quand une lueur jaune apparut à l'horizon, maman nous regroupa, et nous nous glissâmes tous les six sous la porte de notre home. Chacun, rassasié et fourbu, retrouva son coin de prédilection et plongea en une seconde dans un sommeil profond, peuplé de monstres noirs et de nourritures croquantes.

Les journées se déroulaient en longues siestes et tétées, car chacun à tour de rôle nous allions solliciter les mamelles de notre mère, lui promettant que cette fois serait la dernière et y retournant régulièrement.

Mais, à bien y réfléchir, le lait maternel, curieusement, commençait à m'écœurer. Je devenais malgré moi de plus en plus carnivore.

J'y pense : j'ai oublié de vous décrire l'endroit où nous habitions. L'intérieur de notre maison, vous connaissez ; voici maintenant l'extérieur. Notre cabanon se trouvait à l'extrémité d'un jardin où l'herbe était verte, haute et douce à nos promenades nocturnes. La bâtisse grise et ses trois marches menant au perron rectangulaire se trouvaient à l'opposé, et il fallait traverser tout ce chemin à découvert pour arriver à la gamelle de Belzébuth, un briard noir, tout fou et pas gracieux pour la gent féline. C'était pour ces deux raisons que maman refusait de nous laisser sortir quand l'astre du jour était levé.

Elle connaissait parfaitement les habitudes du chien trop bien nourri, qui laissait toujours la moitié de sa pâtée et qui s'en allait dormir, à vingt-trois heures précises, tous les soirs, au pied du lit de ses maîtres, qui lui remettaient la même quantité de nourriture le lendemain en constatant que leur compagnon à quatre pattes avait tout ingurgité la veille au soir.

Entre ces deux points se trouvait le paradis sur terre. À droite, un lilas rose au tronc tendre, tout tagué par six paires de pattes avant, laissait pendre lamentablement des lambeaux d'écorce grise. Au mitan, une allée gravillonnée où maman nous avait appris à faire nos besoins et que nous ratissions tous les jours de notre mieux.

Nous suivions notre inspiration de jardinier, envoyant même régulièrement des cailloux au loin, sur la pelouse, pas toujours en accord avec les goûts du propriétaire, mais toujours suivant la leçon de notre mère. Car il ne faut pas croire que notre vie de chatons était faite de farniente.

Nous aussi, nous avions des devoirs et des leçons à apprendre par cœur. Maman nous les faisait réciter chaque jour. Il y avait la propreté, la toilette, la cynégétique et l'examen au plus fort coefficient, la méfiance envers tout animal à deux ou quatre pattes.

À gauche venait le parterre fleuri. Comme je suis né un moche soir de printemps, j'ai pu profiter, pour mon anniversaire des deux mois, d'un magnifique massif floral. Maman nous avait dit que nous avions de la chance d'être nés à cette période de l'année. Les pauvres petits chatons de l'hiver, eux, souffrent du froid et ne peuvent bénéficier des longues siestes au soleil d'été ; en revanche, ils sont à l'abri des regards indiscrets. Ils ne peuvent s'adonner à la chasse aux papillons, et surtout ne connaîtront jamais la joie de mettre leurs museaux dans les rosiers et de les ressortir tout griffés et tuméfiés par des épines plus grosses que nos griffes.

Ô reine des fleurs,
Comme j'aime ton parfum entêtant,
Comme j'aime le velours de tes pétales
Mais comme je déteste tes lames acérées
Sur mon petit nez délicat !

Ce poème, je l'ai composé après mon premier combat avec une Queen Elizabeth, rouge sang de ses victimes, trois fois plus haute que moi. J'aurais préféré m'attaquer à une Comtesse du Barry. Vraiment une chance d'être né au printemps ?

C'est vrai que, dans le massif, il n'y avait pas que des rosiers. Des petits rochers couverts de fleurs violettes étaient survolés par des centaines d'insectes à la nuit tombante. Cela n'avait pas la classe d'une chasse aux lépidoptères, surtout que nous n'attrapions jamais rien dans nos filets, mais nous nous amusions bien en les pourchassant. Le plus drôle restait les parties de cache-cache avec mes frères au milieu du parterre, là où se trouvait un arbuste d'un joli lie-de-vin. Nous nous glissions en dessous, rampions sous les branches basses et les feuilles tombantes, et nous nous appliquions à effrayer l'adversaire en lui sautant dessus à l'improviste ou en lui criant dans les oreilles.

La vie se passait dans l'insouciance la plus totale, jusqu'au premier jour de septembre, un soir, peu après la rentrée des classes des deux-pattes. Black disparut. Le plus étonnant fut que notre mère ne lança même pas d'avis de recherche et se désintéressa complètement du problème. Elle ne semblait pas du tout s'en émouvoir. La vie reprit son cours, et je dois avouer que moi aussi j'oubliai très rapidement mon frangin.

La deuxième disparition fut beaucoup plus dramatique. Alors que nous étions sortis de notre domaine, notre escapade nocturne nous ayant entraînés bien au-delà de la barrière blanche qui clôturait notre jardin, l'accident se produisit. Tigre, attiré par un mouvement suspect, traversa la bande noire que maman nous avait pourtant interdit d'emprunter.

Avant qu'il n'ait eu le temps d'atteindre son but de l'autre côté de la route, un énorme animal aux yeux jaunes, rapide comme le vent, le happa en pleine course. Nous le retrouvâmes aplati sur l'asphalte. Je lui administrai un coup de patte, Arc-en-ciel lui donna un coup de museau, mais il refusa de nous répondre. Nous le laissâmes là et continuâmes nos investigations de la nuit.

On ne le revit jamais. Il avait dû décider de ne pas rentrer à la maison et d'aller vivre sa vie sous d'autres cieux. Notre troupe s'en trouva réduite d'autant. Il ne restait plus que quatre membres : moi, Arc-en-ciel, notre mère et un unique frère. De ce jour, une certaine rivalité s'établit entre moi et Noirpiaux. Ce fut à celui qui attraperait le plus de souris ou de mulots, à celui qui courrait le plus vite ou sauterait le plus haut ou à celui qui gagnerait la bataille, car nos combats à l'arme blanche devenaient de plus en plus fréquents.

Notre sœur, pour sa part, ne quittait plus notre mère d'une pattoune. Elle passait beaucoup de temps à se faire lécher ou à dormir flanc contre flanc. Leurs pelages se confondaient tellement, que parfois nous la cherchions du regard, alors qu'elle était blottie contre le ventre de maman (qui d'ailleurs, soit dit en passant, ne s'occupait plus du tout de ses deux fils).

Elle s'absentait souvent la nuit et se faisait la voix au clair de lune. Parfois, notre mère s'éloignait avec un gros matou, et nous ne la retrouvions qu'à l'aube suivante. Un beau matin d'automne, alors que les feuilles dorées jonchaient le sol et que les arbres étaient en flammes, ma mère demanda à me parler en particulier.

— Mon fils ! Tu es grand maintenant ; tu as plus de quatre mois. Dans six autres mois, tu acquerras ta maturité sexuelle. Il faut songer à trouver ton propre territoire pour pouvoir conquérir des femelles. Comme tu es fort et intelligent, tu n'auras aucun mal à imposer ta loi. Pars, mon enfant ! Tu dois assurer ta descendance. De l'autre côté de la barrière, tout un univers n'attend que toi.

— Mais pourquoi moi, maman ? protestais-je. Je veux rester toute ma vie avec vous trois !

— Rayon de soleil ! Noirpiaux est parti cette nuit vivre sa vie au loin. Maintenant, c'est ton tour !

— Et Arc-en-ciel ? interrogeai-je pour gagner du temps.

— Ta sœur reste ici avec moi. Elle sera bientôt enceinte. Je dois l'aider à élever sa progéniture.

— Je vais être tonton ? Si jeune ?

— Ta sœur sera mature pour ses six mois, tu sais ! Contrairement à toi qui ne seras prêt à engendrer qu'après tes dix mois. Elle a déjà des vues sur un beau siamois aux yeux bleus, un tigré aux yeux verts, un rouquin aux yeux dorés comme les tiens, et un turc blanc aux yeux vairons lui fait une cour assidue.

— C'est tout ? m'exclamai-je.

— Presque. Je crois qu'elle est aussi tombée amoureuse d'un beau chartreux couleur ciel d'orage.

— Waouh ! Elle en a, des prétendants ! Pas très fidèle, la frangine !

— Toi aussi, tu tomberas souvent amoureux, tu verras ! Mais, pour cela, il faut aller chercher les fiancées.

— Alors, j'y vais ! répondis-je sans réfléchir.

Je tournai les socquettes sans plus de cérémonie, m'éloignant sans un regard en arrière. C'est ainsi que je perdis à tout jamais le contact avec ma famille, que j'abandonnai mon enfance pour foncer tête baissée dans la vie adulte et que commença ma survie.

2

Il fallait bien survivre

Mon pelage lançait des reflets cuivrés sous les feux du soleil, mes yeux brillaient comme deux étoiles polaires... Pour la discrétion, on avait vu mieux. Je fis cent mètres à découvert et, attendant les bienfaits de la nuit, me glissai dans le premier coin sombre de la rue.

Quand l'éclairage fut tout juste nécessaire à un nyctalope, je sortis de ma cachette diurne. Un grand vide me tiraillait la tête et l'estomac. Je décidai de m'occuper de ma faim. Avec un ventre rempli, les idées sont plus claires. La pâtée du chien était bien loin, les mamelles juteuses aussi. J'errai une bonne partie de la nuit avant de tomber sur un rat des villes imprudent, qui traversa devant mes moustaches. Je le dévorai à pleins crocs, mais il réussit tout juste à me boucher une dent creuse. Je continuai ma quête, humant l'air, essayant de détecter le moindre effluve intéressant.

L'aube pointait déjà quand un fumet des plus délicats m'emplit les narines. Cela venait d'un sac plastique noir que je dépeçai avec soin. Quand le trottoir fut jonché de détritus, je trouvai le trésor qu'il contenait : une carcasse de poulet à moitié dévorée. Mon instinct me fit m'éloigner rapidement du lieu du crime avec mon butin.

Bien m'en prit, car j'entendis quelqu'un s'agiter et vociférer derrière mon dos. J'allongeai mes foulées et me retrouvai bientôt hors d'atteinte de la furie à deux pattes. Sans avoir lâché ma proie, je trouvai un trou de bienvenue au ras du bitume. Je m'y engouffrai. Ça sentait le charbon et le raisin fermenté.

Je mis une heure à nettoyer les os du moindre morceau de viande. Je recrachai les herbes aromatiques et les petites esquilles au fur et à mesure. Ma faim était vaincue. Je m'endormis, satisfait de cette première chasse à la survie.

Quand j'ouvris les yeux, la lune brillait haut dans le ciel. Je retournai au même endroit que la veille, mais aucune odeur alléchante ne sortait de la poubelle. Le trottoir avait été nettoyé. Je repris mes investigations nocturnes. Mes pattes m'emmenaient de plus en plus loin dans la cité. Je ne rencontrais personne à part des souris et des poubelles bienveillantes.

Ce n'est pas croyable ce que les humains peuvent jeter comme nourriture délicieuse. Il paraît que, rien qu'en analysant les détritus d'une famille, on peut reconstituer son existence. Je veux bien le croire au vu de ce que l'on peut découvrir d'extraordinaire dans les déchets des hommes, et ce n'est pas mon estomac qui s'en plaindra.

Rien d'insolite ne vaut d'être conté jusqu'à ce fameux soir où des milliers d'étoiles se mirent à tomber du firmament. Le ciel renvoyait une lumière blanche ; plus un astre ne brillait. La voûte céleste se vida soudainement. Je me blottis sous une porte cochère. La chaussée devint immaculée, un froid intense pénétrait mes poils et, quand je posai une patte sur le coton blanc, elle s'enfonça, laissant une empreinte indélébile de mon passage. Plus question de passer incognito dans cette masse molle et glacée.

En voyant les astres réapparaître la nuit suivante, je fus soulagé de constater que le ciel ne s'était pas complètement vidé de ses joyaux. J'étais heureux de voir que certains s'étaient accrochés, malgré tout, à la voûte céleste, évitant la chute vers le néant. La masse blanche était toujours là, et le froid que j'avais éprouvé ne fut rien par rapport à ce que j'allais endurer cette semaine.

Le soleil réapparut, la neige se mua en boue grise, hideuse. Mes chaussettes blanches virèrent au gris et mes jolis coussinets roses devinrent noirs. Mon estomac cria famine, les bêtes se terraient, les humains ne sortaient plus leurs poubelles, les papillons restaient emmaillotés comme des momies. Je connus les affres de la disette et de la solitude jusqu'au jour de la rencontre.

Il était grand et musclé. Son poil épais, couleur suif, luisait comme du carbone. Un œil vert et un œil bleu surmontaient son museau brique, et sa queue dressée à la verticale avait triplé de volume.

Il me fixait. Je m'approchai, remuant presque la queue comme un bon toutou, trop content de retrouver un congénère après ces heures de solitude. J'allais pouvoir discuter, j'allais pouvoir me réchauffer de cette semaine givrante, j'allais consoler ma détresse. Je voulais me frotter contre lui et me blottir dans la chaleur de son ventre.

Il feula ; je crus à un message de bienvenue. Je ne vis pas la patte se lever toutes griffes dehors et s'abattre au coin de mon œil droit. Je fus aveuglé par le sang qui m'obscurcissait la vue. Il m'immobilisa de tout son poids et me mordit au cou et à l'omoplate. Je hurlai de frayeur et de douleur. Il me lâcha, se retourna, me lança un jet d'urine et feula à nouveau. Je compris cette fois que ce n'était pas une marque de sympathie, mais bien un avertissement, et pris mes pattes à mon cou.

Je m'arrêtai hors d'haleine un kilomètre plus loin, perdu dans une zone désertique, et me réfugiai dans un hangar sombre qui sentait bon le cuir neuf et le caoutchouc. Je m'endormis, après avoir nettoyé mes blessures, dans le creux d'une grosse bouée posée contre un mur. La chose, circulaire et noire, épousait parfaitement mon corps. Je rêvai de ma mère et de mes frères de sang.

Un hurlement me réveilla en sursaut. La porte métallique était en train de se soulever. Le soleil brillait à l'extérieur. Je n'allais plus le revoir avant plusieurs jours. Deux hommes tout en muscles pénétrèrent sous le hangar. Je me blottis au fond de mon lit improvisé, invisible.

— Bon ! Tu vas me monter les pneus sur le Berliet et me faire l'équilibrage.

— OK, patron !

Paniqué par cet état de lévitation, je me sentis soulevé du sol. Je sautai à bas de ma monture et cavalai vers un coin sombre.

— Qu'est-ce que c'était que ce machin ?

— De quoi tu parles, Bob ?

— Je ne sais pas. Un truc jaune qui m'est passé entre les jambes ! Il s'est planqué là-bas !

Les deux hommes en bleu, à quatre pattes par terre, scrutaient le dessous du camion où je m'étais réfugié. Le plus costaud avança sa grosse main poilue et m'attrapa par la peau du cou. Je ne bougeai plus, comme paralysé.

— Regarde-moi ça ! Un chaton de l'année ! T'as vu dans quel état il s'est mis ? Sacrée raclée qu'il s'est prise !

— Ouais ! Les rouquins, c'est les plus bagarreurs ! J'en avais un avant. Il lui manquait un œil et la moitié d'une oreille !

— On le noie, patron ?

— Ça va pas, non ! Repose-le à terre.

Ne sachant où aller, je me réfugiai de nouveau sous les roues du camion. J'y restai toute la matinée. Les humains semblaient m'avoir oublié. Je décidai d'attendre la nuit pour m'éclipser. Mais, l'après-midi, ils me posèrent une coupe de lait sur le sol. N'y pouvant plus, tiraillé par la faim et attiré par l'odeur, je sortis de ma cachette en rampant et lapai goulûment le liquide. J'avais à peine fini la dernière goutte que je fus soulevé de terre par une grosse main rougeaude et poilue.

— Je vais l'emmener au refuge à la sortie de la ville. Ils vont le soigner.

— OK, patron !

L'homme conduisait d'une seule main et, de l'autre, me maintenait aplati sur le siège passager. J'essayai bien de m'échapper, le mordant et le griffant, mais il ne lâcha pas prise. Et c'est suite à ces circonstances malheureuses que je fus jeté en prison.

3
Le refuge

Des mains douces et parfumées me passèrent des cotons imbibés d'une odeur âcre sur mes blessures de guerre. On me tripatouilla, on me palpa, on me retourna et on me caressa. Je fis pipi sur les mains douces et parfumées et je fus enfermé dans une cage de un mètre sur un mètre, aux barreaux argentés et serrés. Je me blottis dans un coin sur un lit de gravier.

Une coupe d'eau et une autre remplie de granulés odorants se trouvaient à l'opposé. Je n'y touchai pas, tout retourné que j'étais. J'observai les allées et venues des hommes et des femmes en blouse blanche. Ils firent les cent pas tout le restant de la journée.

Quand les lumières s'éteignirent et que le remue-ménage cessa, je m'approchai des bols. Les croquettes étaient délicieuses et salées à point. J'engloutis tout le contenu de la coupe en deux minutes et mis dix minutes à récupérer les éclats de croquettes et à lécher les parois. Je bus la moitié de l'eau et examinai les alentours. Des dizaines de cages identiques à la mienne m'entouraient, lançant des odeurs de congénères, mais aussi beaucoup d'autres très désagréables, comme des senteurs d'excréments, de médicaments et surtout des parfums de musc canin.

Mon poil se hérissa, ma queue doubla de volume. Je n'arrivais pas à me calmer. Des gémissements, des aboiements et des plaintes à répétition se faisaient entendre. J'envoyai moi aussi un cri soutenu et aigu à la face du monde. Une cacophonie délirante s'élevait des cellules des prisonniers, mais personne ne vint imposer le silence. Je finis par m'endormir, bercé par tout ce bruit, et rêvai d'enlèvements et de cages dorées. Mes moustaches frémissaient, mes pattes remuaient dans tous les sens et mes dents claquaient. Une grosse bonne femme me fixait droit dans les yeux, m'agressant dès mon réveil.

— Qui a accepté celui-là ? Il est trop jeune ; il faut le piquer. On ne garde que les adultes, sinon on ne place que les chatons, et les autres nous restent sur les bras !

Une jeune fille s'approcha pour prendre ma défense.

— On l'a déjà enregistré. Regardez, voilà sa fiche !

La matrone lut tout haut :

— *Mâle entier, race européenne, huit mois. Couleur : orange. Yeux jaunes. Nom de baptême : Caramel.*

C'était la deuxième fois que l'on me baptisait. Je n'aimais pas beaucoup ce nom-ci. Je criai que mon prénom était Rayon de soleil, mais personne ne m'écouta.

— Bon. On le garde, mais ce sera le dernier de cet âge. Castrez-le et faites-lui ses vaccins !

Je n'en avais pas conscience, mais je venais de prolonger d'autant la première de mes neuf vies. On me prit par la peau du cou et on m'enfonça une énorme aiguille dans la cuisse. Je protestai mollement. Après, je ne me souviens plus de rien.

Je m'éveillai dans un box avec du brouillard plein la tête. Je ne tenais plus sur mes pattes. Je mis deux jours pour me remettre de cette torture.

Je titubai jusqu'à la gamelle, avalai tout rond les croquettes. Une jolie rousse, comme moi, vint ouvrir la porte de ma geôle. Je sautai hors de la cage et atterris sur le cul. Les pattes antérieures étaient désynchronisées par rapport aux postérieures. Une de mes sous-paupières refusait obstinément de s'ouvrir. La jeune fille me souleva de terre pour m'enfermer à nouveau.

— La promenade sera pour plus tard. Dans quelques jours, tu iras mieux !

En fait, il devait s'écouler des mois pour que je retrouve mes facultés de félin des villes. L'anesthésie avait déréglé mon sens de l'équilibre. Ça n'arrivait qu'une fois sur mille ; j'étais le millième.

Un après-midi, des tas de gens bruyants vinrent tourner autour des cages. Des congénères en liberté se frottaient contre les jambes des visiteurs. Moi, je les regardais à travers les barreaux. Un homme d'une trentaine d'années, grand, brun, les yeux bleus des mers du Sud, s'adressa à la directrice du refuge.

— Tous ces chats sont à adopter ?

— Oui ! On en a soixante-seize en ce moment !

— Ah ! quand même ! Je voudrais voir le plus moche ou le plus vieux. En tout cas, celui qui est là depuis le plus longtemps !

— Marianne ! Va chercher le gros Lulu !

La jeune rousse revint avec un énorme tigré mâle dans les bras. L'homme le flatta sous le menton. Le gros Lulu lui donna un coup de tête.

— Bon, je vais en parler à ma femme. Je reviendrai la semaine prochaine !

Pendant ce temps, un gamin turbulent s'était accroché après les barreaux de ma cage et me hurlait dans les oreilles.

— C'est celui-là que je veux, maman ! Dis, papa, on le prend ?

— D'accord, fils ! Madame, pouvons-nous adopter le rouquin, là ?

— Ah ! Caramel ! Il a des petits problèmes de santé en ce moment, mais rien de grave. Il nous fait une désynchronisation des pattes antérieures suite à l'anesthésie, mais il va vite s'en remettre. Vous pouvez l'emmener, si vous voulez. Je vais vous faire les papiers. Ça fera cinquante euros pour les frais.

Quel scandale ! Je ne valais que cinquante euros ? Le beau brun me regarda de ses doux yeux rêveurs quand la directrice me sortit de la cage. Il s'éloigna d'un pas rapide.

4

Dans ma famille d'accueil

Le garçon me tint dans ses bras pendant tout le trajet vers ma maison d'accueil. Tellement fort que je ne pouvais plus respirer. Je me débattais pour reprendre mon souffle, mais il croyait que je voulais m'échapper et me coupa encore un peu plus l'arrivée d'oxygène. Pourtant, j'étais bien trop content d'avoir trouvé une famille d'adoption pour sauter en marche. J'aurais dû, car j'allais déchanter.

Dès mon arrivée, on m'étrangla avec deux colliers. Un marron qui puait la pharmacie et un rouge qui empestait la vache folle, avec une médaille où on pouvait lire GOURMET. Curieusement, le gamin me dit :

— Tu t'appelleras Félix !

Je ne répondis rien. Inutile de répéter que mon nom était Rayon de soleil… Personne ne m'écoutait, de toute façon.

— Allez, Félix, tu viens ? On va faire le tour du jardin !

Je décidai d'ignorer ce nouveau nom et de rester là où l'on m'avait posé. L'enfant accrocha une laisse à l'anneau marqué GOURMET et tira jusqu'à ce que je daigne le suivre. Étranglé et suffoquant, je finis par me lever. Un immense carré de verdure s'étendait à perte de vue. Le gazon était coupé de frais. Un saule pleureur, solitaire, trônait au beau milieu de la pelouse et puis plus rien, le vide, pas un taillis où se cacher, pas une remise où fourrager, pas une cachette où disparaître. La vision de l'enfer pour la gent féline s'ouvrait devant mes yeux.

Nous fîmes le tour du propriétaire dans le sens littéral du terme. Je veux parler de la lisière du terrain.

— On n'a pas le droit de marcher sur l'herbe, s'excusa le garçon.

Il laissa juste assez de mou à la corde pour que je marche entre lui et le grillage, qui me rappelait ma prison argentée. J'aurais voulu courir. J'aurais voulu humer les branches basses du saule. J'aurais voulu me rouler dans l'herbe grasse. J'aurais voulu me fondre dans la rue.

Je commençais à la trouver saumâtre, cette farce promenade, quand la pluie me sauva la vie au troisième tour du carré de pelouse. D'énormes gouttes nous tombèrent sur le nez. Nous rentrâmes au pas de course par le plus court chemin : à travers le gazon interdit !

L'intérieur n'était pas plus engageant. Les pièces étaient spacieuses, trop spacieuses, lumineuses, propres et bien rangées. Je rêvais d'un grenier sombre et poussiéreux, d'un tas de chiffons graisseux et sales, d'un fauteuil défoncé sentant bon le cuir vieilli. On me présenta un coussin jaune pailleté dans un panier en osier. Je le reniflai d'un air dégoûté, puis, la queue empanachée et la tête droite, je tournai les chaussettes pour me choisir un coin sous la table du salon, à même le parquet ciré. Le pied central m'entrait agréablement dans les côtes. Je fermai mes premières paupières à moitié, restant sur mes gardes. Je ne devais pas y rester plus d'un quart d'heure. Une surprise, et de taille, me dévisageait.

Elle se faisait appeler Minette ; ça, je le sus plus tard. Elle affichait sept kilogrammes, soit le double de moi, et jouait dans la cour des poids lourds. Elle arriva à coussinets feutrés alors que mes deuxièmes paupières commençaient à se fermer malgré moi.

Sans prévenir, comme le veut la bienséance, elle me sauta sur le râble, me mordant au cou pour m'immobiliser, les yeux révulsés, le poil gonflé et les muscles bandés. Je hurlai à la mort, même si sur le moment je ne ressentis aucune douleur. Le gamin arriva en courant et plongea sous la table.

— Fais gaffe, Tommy, tu vas te faire griffer !

— Viens, Minette ! C'est un nouveau copain. Lâche-le !

Minette lâcha prise et feula au visage de Tommy avant de lui administrer un coup de patte douloureux. Je profitai de la confusion pour m'échapper et bondir sur la plus haute armoire de la pièce, que j'avais déjà repérée du bas. J'oubliai pour un instant mon problème de désynchronisation et atterris sans dommage, soulevant un nuage de poussière (enfin un endroit oublié du chiffon). Minette reçut une claque sur le derrière, et moi, un regard noir de l'ensemble de la famille réunie au pied de ladite armoire.

Le père, la mère et le fiston se relayèrent le restant de la journée pour m'inciter à descendre de mon perchoir. Les uns parlaient doucement, les autres me grondaient, et les derniers m'agitaient des gamelles odoriférantes sous le nez. Je faillis me faire prendre quand la mère apporta des crevettes décortiquées, mais je résistai et ignorai d'un air hautain tout ce beau monde.

Quand, de guerre lasse, l'on abandonna la place, Minette revint à pattes de velours et se posta telle Juliette sous le balcon de Roméo. Elle ne me quitta plus du regard. Je bâillai négligemment, étirai mes membres un à un et m'installai confortablement sur ma tour de contrôle pour y passer une longue nuit. Minette avait le cul trop lourd et était bien trop âgée pour venir me déloger. Je baissai mes quatre paupières d'un coup et m'endormis, apaisé.

Tout se compliqua quand mon estomac me rappela à l'ordre. Ça faisait trente-six heures que je n'avais pas touché à une gamelle. Au bout de quatre-vingt-seize heures, le père s'inquiéta.

— On ne peut pas le garder : Minette ne l'acceptera jamais. Je vais le ramener au refuge. On prendra une femelle adulte ; ça passera mieux.

— OK ! approuva Tommy. Je viens avec toi.

Le père déplia l'escabeau au pied de l'armoire normande et grimpa les cinq marches. Quand sa chaussure se posa sur le dernier barreau, je sautai à terre. Mes problèmes de désynchronisation étant toujours présents, j'atterris légèrement déséquilibré. Le gamin eut le temps de m'attraper au vol, et c'est ainsi que je me retrouvai de nouveau prisonnier.

Je décidai d'être malheureux. Je gémis, j'appelai, je hurlai, je criai, je pleurai en continu. Cette situation dura des mois, ou du moins j'en eus l'impression. Nous n'avons pas la même notion du temps qui passe que les deux-pattes, car, en fait, deux jours après ma nouvelle admission chez les orphelins, un événement inattendu se produisit.

5

Un nouveau chez moi

— Je viens pour prendre le gros Lulu ! Ma femme veut absolument un tigré mâle. Je le lui ai décrit, il lui convient. Il sera un parfait compagnon.

Je continuais à donner de la voix. Marianne tenait dans ses bras l'adopté du jour. L'homme plongea ses yeux outremer dans mes yeux soleil.

— Ce n'est pas celui qui avait été adopté lors de ma précédente visite ?

— Si, c'est lui, mais ça s'est mal passé. Ils ont une vieille chatte acariâtre qui l'a attaqué. Il est resté perché en haut d'une armoire pendant quatre jours sans manger. La chatte refusait de le laisser descendre. Ils ont fini par me le ramener tout tremblant et sous-alimenté.

L'homme hésita quelques secondes, puis déclara qu'il me prendrait, moi.

— C'est ma femme qui va être étonnée ! Je lui avais fait un portrait détaillé du gros Lulu. Elle s'attend à voir débarquer un énorme tigré et elle va trouver un rouquin tout frêle.

— Oui, ce sera la surprise du jour !

— Nous avons déjà eu trois tigrés à la maison ; ça nous changera. Ils ont disparu brutalement tous les trois. Ils sortaient la nuit. Celui-là, en tout cas, ne traînera pas dans la rue !

L'homme ouvrit lui-même la porte de ma cellule pendant que le gros Lulu retournait à ses occupations. Mon avenir était en jeu.

J'arrêtai de geindre et mis mon museau humide dans le col de chemise de l'étranger. Il me gratifia d'un coup de tête affectueux. Je lui rendis son salut.

— Je crois que l'on va bien s'entendre, tous les deux. Comment t'appelles-tu ?

La jeune fille répondit à ma place.

— Caramel !

— Ce n'est pas terrible comme nom, me chuchota-t-il à l'oreille. On va t'en trouver un mieux.

Je le remerciai d'une léchouille dans le lobe de l'oreille. Une confiance mutuelle s'établit aussitôt entre nous. Il me porta jusqu'à sa voiture et me laissa gambader dans l'habitacle. Le trajet dura une heure. Je finis par me coucher à l'abri des regards, sur le plancher. Je m'installai sous ses jambes, qu'il n'arrêtait pas de bouger comme dans un véritable ballet artistique.

Comment décrire le paradis ?

La maison, dans un vieux quartier de la ville, se dressait sur trois niveaux. Le rez-de-chaussée comportait trois portes fermées, que je n'eus pas le droit d'ouvrir, et une quatrième donnant sur les caves humides, sombres et habitées par de grosses araignées velues et délicieuses. Je m'y promènerais plus tard. L'homme habitait les deux étages supérieurs avec sa femme. Il formait un couple jeune, sans enfant pour vous tirer la queue, vous lancer le 4×4 télécommandé dans les pattes, vous pourchasser sans jamais perdre haleine et vous hurler dans l'oreille gauche. Je décidai tout de suite de les adopter, ainsi que la maison avec son petit jardinet à l'arrière, son grenier en cours d'aménagement et ses caves odorantes.

Bon ! Je vais commencer par vous dépeindre mon nouveau domaine à partir du premier étage, là où j'entrepris ma reconnaissance féline.

Un rouquin se hérissant instantanément et répondant par un parfait mimétisme à mon feulement m'accueillit dès mon arrivée dans le duplex. Ça commençait bien ! Après le coup de la Minette, voilà que l'on me faisait le coup du frère de sang. Il me fixait de ses yeux jaunes, sans sourciller. J'avançai lentement la patte droite, il avança la patte gauche. Je m'aplatis et avançai la patte gauche, il avança la patte droite. Mes pattes arrière se rapprochèrent en silence. Il m'imita. Quand nos museaux entrèrent en contact, le froid sur mon nez me fit reculer brusquement et lui aussi. L'homme me souleva du sol.

— Nigaud ! T'as pas vu que c'est ton propre reflet dans le miroir ?

Bien sûr que j'avais vu ! Pour qui me prenait-il ? Je n'étais pas un chaton né de la dernière pluie. Il me reposa sur mes quatre coussinets, et je fis un grand détour pour entrer dans la pièce suivante. On ne sait jamais. La prudence est reine ! L'endroit était spacieux et lumineux, dans les tons rouges et blancs (pour ceux qui sont initiés aux couleurs). Je fis le tour de la cuisine grise et grise, me frottant aux murs et aux meubles, laissant mon odeur sur les angles vifs. Des fragrances de nourriture me flattaient les narines. Je reconnus, sans jamais en avoir goûté, le lapin sauce chasseur. J'allais me régaler ce midi !

L'homme (la fille l'appelait le plus souvent Pat) me désigna mon coin repas : un set de table posé sur le carrelage sous la fenêtre. Pour le moment, seul un bol d'eau trônait fièrement au mitan, occultant le « T » du célèbre sponsor Kat-Kit. Le lapin n'était pas encore servi. Pat me montra ma litière sous l'évier : une cuve de développement photo, remplie de gravier, qui sentait encore les sels d'argent et le bichromate de potasse.

— On achètera un vrai bac plus tard ! Tu comprends, me raconta-t-il sérieusement, avant, nous n'en avions pas besoin, car les chats qui t'ont précédé dans notre existence vivaient leur vie dehors. Toi, tu ne sortiras pas. Nous tenons à te garder. Trois de perdus, un de retrouvé, ça suffit comme ça !

Je lui tournai le dos, pas très intéressé par son discours.

Le grand meuble laqué blanc allait avoir toute mon attention dans quelques jours ainsi que le placard d'en face, qui allait recevoir des centaines de frottements par jour, quand j'aurais compris que ma nourriture sortait de là. Pour le moment, je passais devant sans même daigner y jeter un regard. Surtout que le chat du vestibule était de nouveau là, à me fixer droit dans les yeux, comme tout à l'heure. Je m'approchai, prudent, humant l'air alentour, essayant de détecter son musc. Rien.

Il fallut que je me cogne le nez sur la surface lisse et réfléchissante du four pour comprendre qu'elle me tirait elle aussi le portrait.

Je pénétrai dans la pièce suivante, en l'occurrence le living-room. Je stoppai net dès l'entrée, tremblant de frayeur. Deux yeux sombres me dévisageaient à travers une frange longue et poilue. Cette fois, cette bête blanche et noire, énorme, assise sur son séant et mesurant soixante centimètres au garrot ne pouvait être moi. Je cherchai le miroir déformant ; il n'y en avait point. Je ne pouvais décemment pas attaquer de front le Yéti et la bête du Gévaudan réunis. Je rampai sous la table du salon et me transformai en statue de la déesse Bastet, telle que l'on peut la contempler au musée du Louvre, salle de l'exposition égyptienne. Il fallait que je réfléchisse à la stratégie à adopter. Pat me rejoignit, à quatre pattes, sous mon abri.

— Je te présente Vavavoom, authentique briard grandeur nature qui ne demande pas mieux que de devenir ton copain. Ne crains rien, il est en pure laine des Pyrénées.

Je daignai m'approcher à distance respectable, soit un mètre cinquante, pour le renifler. Pas une odeur. Je ne lui adressai pas la parole. Nous ne deviendrions d'ailleurs jamais amis. Une antipathie viscérale, dès le départ, m'en empêcha. Je ne l'abordais que pour griffer son museau de feutrine noire, de temps en temps, par pur plaisir bestial.

Ô joie du *Felis sylvestris*, mon ancêtre ! À l'angle du mur, au fond de la salle, un tapis de laine, surmonté d'une cheminée Art déco ! Comment exprimer le bonheur d'un feu de bois, la chaleur envahissant par vagues mon corps alangui, les flammes rougeoyantes allumant un incendie dans mon pelage, l'odeur de la forêt, les fragrances de mes frères sauvages, la danse des elfes lumineux s'échappant des bûches qui crépitent, pour atterrir à quelques centimètres de mes pattes ou de mes oreilles, selon ma position du moment ? Vivement nos fêtes, les fêtes de tous les chats ! Je veux parler bien sûr de la Saint-Sylvestre et de la Saint-Félix.

Mes pas me ramenèrent au point de départ, dans l'entrée, devant mon portrait en pattes. Les pièces communiquaient entre elles, idéalement pour les courses-poursuites et les parties de cache-cache. Une porte sur la droite était fermée. Je grattai le chambranle, marquant ma désapprobation.

— Ce sont les toilettes. Tu veux visiter ?

Compréhensif, l'homme m'ouvrit la porte. Il y avait un bidet au centre du minuscule espace. Je n'entrai même pas et passai à la porte suivante.

— Tu vois, je te l'avais bien dit que ça ne t'intéresserait pas !

Je m'immisçai, museau en avant, dans l'entrebâillement d'une porte jouxtant les toilettes et poussai avec ma tête. Elle s'ouvrit largement. L'odeur de Pat mélangée à un parfum inconnu assaillit mes narines. Un lit trônait au centre. En face, des étagères croulaient sous les fringues et des appareils électriques.

— C'est un peu le chantier, mais c'est du provisoire, s'excusa-t-il.

Je fis plusieurs fois le tour du lit et finis par grimper dessus. J'avançai prudemment sur la surface molle, puis tournai sur moi-même pour m'imprégner des notes fleuries de mes nouveaux amis. Je m'allongeai et entrepris de faire ma toilette.

— Eh bien, tu t'en fais pas, toi !

Et il se jeta sur le couvre-lit à côté de moi. Je pris peur et m'enfuis hors de la chambre. Il restait encore une porte au-dessus de deux volées de marches, qui barrait l'accès à l'étage supérieur. Je m'assis sur la première marche et regardai fixement la poignée.

— Tu veux monter là-haut ?

Sans répondre, je fixais toujours la clenche de mon regard jaune. Pat essaya d'actionner la poignée, mais j'étais scotché devant la porte, n'ayant pas compris la subtilité de la chose. Elle pivotait de mon côté. Il faut reconnaître que l'ouverture des huisseries est une chose très complexe pour un chaton. Pousser avec la tête reste un geste simple ; tirer avec la patte s'acquiert après de longues années de pratique. Quant à sauter après les poignées, cela requiert un don. Je dois avouer que j'en étais pourvu et je le mis en application tout de suite. Vous ai-je déjà dit que j'étais champion de saut en hauteur ? Dans la situation présente, ça ne fonctionna pas, car la clenche était ronde. L'homme finit par me soulever d'une main et ouvrit de l'autre. Je fis un long arrêt au milieu de l'escalier, devant la fenêtre. Un jardin en contrebas s'offrait à ma vue.

Le dernier étage était un paradis pour félins. Cela tient en un seul mot : « grenier ». Un fouillis inextricable de cartons, de vieilles couvertures, d'outils, de vieux journaux et de poussière millénaire. L'odeur de la colombe en robe de plumes me réveilla les papilles. Pat m'expliqua que, dans ce coin, précisément là où je rampais ventre à terre, un pigeonnier, dans les temps anciens, avait sa place. Des fientes grises tapissaient encore le parquet grossier. Je testai la tendresse des lattes disjointes de mes griffes acérées. Elles étaient tout à fait à mon goût. J'avais trouvé l'endroit idéal pour affûter mes armes.

Je poursuivis ma fouille minutieuse. À l'écoute de mes moindres reproches, l'homme me suivait pas à pas autour du grenier. Je n'en eus aucun à formuler, mais je fus déçu quand il m'avoua avoir tardé à attaquer les travaux de rénovation et que, là, il y aurait une salle de bains, ici, la chambre définitive, et, à droite, une buanderie équipée d'un labo photo, d'où ma litière au permanganate de potassium. Moi, je m'en serais contenté tel quel, comme salle de jeux, de gymnastique et de siestes. Une porte claqua à l'étage inférieur.

— Pat ? Tu es rentré ?

— Chut ! chuchota-t-il tout bas. On va lui faire une surprise. Reste dans l'escalier !

Je fis un arrêt devant la fenêtre pour contempler le jardin, où la pluie faisait briller l'herbe haute et le toit d'une petite cabane dans le coin sud. L'homme descendit les marches quatre à quatre et referma derrière lui. Il m'avait enfermé !

Je m'assis sur la marche la plus près de la sortie et attendis, intrigué, essayant de capter les bribes de conversation. Une voix féminine suppliait.

— Ne me fais pas languir ! Montre-moi le gros Lulu !

J'entendis comme un roulement de tambour et je fus libéré.

— Et voici le fauve qui s'avance dans l'arène !

Je descendis magistralement les trois marches restantes et fixai la jeune fille aux yeux vert chat.

— Oh ! qu'il est mignon ! Mais ce n'est pas celui que tu m'avais décrit !

Il lui conta toute l'histoire : le gros Lulu, ma première adoption, mon retour au refuge, le gros Lulu et puis moi, pleurnichant comme si on allait m'égorger. Il conclut par :

— Je te présente Caramel !

— Caramel ? Quel horrible nom ! On va t'en choisir un autre.

— Justement, je t'attendais pour y réfléchir.

— Bon ! Le premier s'appelait Voyou, le second, Bandit, le troisième, Pirate, alors, je propose Surcouf !

— Surcouf ? Qu'en dis-tu ? fit-il en s'adressant à moi.

Peut-être que je compris le mot « bouffe », toujours est-il que je lançai mon cri de guerre :

— Yahoo !

— Adopté ! décida Pat. Et maintenant, à table ! On meurt de faim, pas vrai ?

— Yahoo ! répétai-je.

Un chat, contrairement aux humains, ne se lèche les babines qu'après manger. Donc, je ne me léchai pas les babines, mais je me frottai contre les jambes de Katia (c'était le nom de la jeune fille qui sentait fort la fleur des jardins), qui préparait ma gamelle. Je n'en avais jamais mangé, mais j'adorais déjà le lapin chasseur. Ô déception ! Ô incompréhension de la gent féline ! On me servit de la pâtée sponsorisée par mon set de table. Où était donc passé le gibier odoriférant ? Je reniflai du bout du museau et suppliai du regard mon compagnon.

— J'ai l'impression qu'il veut autre chose.

— Oui, j'en ai bien peur ! Bon, juste un bout, mais ce n'est pas une habitude à prendre, me gronda la jeune fille.

Je peux l'avouer, le lapin chasseur est un pur délice, un mets de premier choix. À la prochaine occasion, j'en redemanderai.

Les émotions, la découverte des lieux et un bon repas eurent raison de mes dernières forces. Je m'éclipsai pendant leur déjeuner et squattai leur lit sans demander l'autorisation. Déplié de tous mes membres, la tête posée sur un oreiller fleurant bon la rose et la violette, je m'assoupis, heureux d'avoir adopté ces deux êtres humains.

6

Nouvelle vie

Le soleil dardait ses derniers feux à travers la fenêtre, allumant un incendie dans mon pelage. Je raidis mes deux pattes arrière dans un mouvement tremblé, je bâillai à m'en décrocher la mâchoire et me levai. J'étendis à nouveau ma postérieure droite, puis celle de gauche, et sautai du lit, me dirigeant vers la cuisine pour me sustenter.

— Eh bien, dis donc, sacrée sieste, Surcouf !

Je répondis par un « wouin-in » retentissant, constatant que ma gamelle était vide.

— Il répond bien à son nom. On dirait qu'il nous comprend !

— Wouin-in !

Je me répétais. J'avais vraiment très faim. Je passai et repassai entre les jambes de l'homme. Il ramassa enfin mon assiette et ouvrit l'armoire laquée blanche. Une odeur de lapin chasseur éveilla un de mes sens.

— On t'a gardé quelques restes de lapin.

Il posa la gamelle sur le « T » du sponsor. Le gibier était mélangé avec des rondelles orange et des petites billes vertes. Je mangeai de bon appétit, puis lapai une goutte d'eau. Je m'installai à l'entrée de la pièce, sur la barre de métal, et entrepris de faire ma toilette.

— Dis donc, coquin ! C'est quoi, ça ? me réprimanda Pat en me mettant mon assiette sous le nez.

Je détournai la tête d'un air dédaigneux. Je n'avais plus faim. Les rondelles de carotte trônaient à l'ouest, les petits pois, au nord ; sinon, la gamelle était parfaitement récurée.

— Et les légumes ?

Je léchai consciencieusement mon museau, passai ma patte derrière l'oreille droite et bâillai bruyamment. Je me mis en observation côté rue, sur un appui de fenêtre du séjour. Un gros chien noir promenait une personne âgée. Ils passèrent sur le trottoir d'en face. Ils étaient encordés l'un à l'autre par une laisse rouge. Je m'aplatis derrière le montant de la fenêtre. Je me redressai quand ils disparurent à ma vue. Un garçon en planchette à roulettes dévala la chaussée dans un bruit assourdissant, suivi d'une mobylette pétaradante. Un appartement s'éclaira en face du mien. Une personne s'affairait, allant et venant pour mon plus grand plaisir. Une deuxième fenêtre s'illumina, puis une troisième. Ils s'étaient tous donné le mot.

Cela m'occupa deux heures. Quand la nuit fut complètement tombée, et les candélabres, allumés, je me postai devant la porte de sortie et attendis qu'elle s'ouvre. Elle resta close. Je grattai le chambranle sans résultat. Je me mis à geindre. Katia vint me gronder.

— Tu ne sors pas, Surcouf ! Tu restes avec nous. Allez, viens !

Elle me souleva du sol pour me transporter dans la chambre, devant une grosse boîte noire.

Rien d'intéressant ne se jouait sur le petit écran. Je retournai dans l'entrée, fixant la poignée avec insistance.

Je fis des incantations dans ma tête, puis tout haut. J'eus soudain une idée lumineuse. Alors que Pat m'interpellait depuis la chambre, je sautai sur la clenche, et le miracle se produisit ! Je descendis deux marches et fis un premier arrêt pour renifler les plinthes et la moquette murale. Je n'eus pas le temps d'aller plus loin. Pat me souleva du sol, lui aussi, et me secoua comme un prunier.

— J'ai dit : pas de sortie !

Et il me reposa dans le hall d'entrée, à mon point de départ, sans autre forme de procès, donnant même un tour de verrou. Katia me prit sur ses genoux et me susurra des mots doux.

— On tient trop à toi pour te laisser traîner dehors ! Je t'aime déjà beaucoup, tu sais ! Je te promets une longue vie de gâteries et de tendresse avec nous, mais il faudra sacrifier les escapades.

Sa voix était sensuelle et douce. Elle me parlait tendrement à l'oreille tout en me caressant le haut du crâne. Je mis la turbine en route, je fermai les yeux et lui fis un suçon dans le cou. Je me blottis entre ses seins, qu'elle avait chauds et potelés. J'avais complètement oublié ma fugue avortée.

À vingt-trois heures, après un somme douillet sur ma copine, je bâillai, m'étirai et me dirigeai vers la cuisine. Ils m'installèrent un plaid sur la cuisinière et m'expliquèrent que c'était mon lit. Pat ferma la porte donnant sur le séjour, pendant que Katia baissait le volet à moitié.

— Si tu t'ennuies, tu regardes dehors ! OK ?

Elle m'administra un baiser clinquant sur le front. Je secouai la tête et nettoyai l'endroit de ma patte avant gauche. Elle posa ma gamelle pleine sur le set de table et ferma la porte qui donnait sur l'entrée, me laissant seul dans le noir. Je mangeai les trois quarts de ma pâtée et essayai ma litière. J'urinai contre le mur du fond.

Pour le plaisir, je remuai le gravier pendant cinq minutes, l'envoyant voler dans toute la cuisine et réveillant le silence nocturne. Puis je me couchai en boule sur une des deux chaises en skaï rouge.

Je me réveillai alors que les étoiles brillaient encore dans le ciel. Je mangeai les restes de mon assiette, m'amusai avec le gravier éparpillé sur le carrelage et commençai à observer le jardin. Le vent soufflait suffisamment fort pour faire osciller les branches du lilas. Les ombres allongées se mouvaient en cadence sur le sol ; certaines ressemblaient à des monstres préhistoriques. Un bruit suivi d'un pinceau lumineux passa à vive allure de l'autre côté du mur. Les ombres portées ne m'intéressaient plus. Ma gamelle était vide. J'avais fait trois fois le tour de la pièce et je n'avais plus envie de jouer.

Je décidai d'appeler à la rescousse. Tout doucement au début, comme un oisillon tombé du nid, puis hurlant à la mort derrière le chambranle par la suite, sans résultat. Ou ma voix ne portait pas assez pour les réveiller ou, à mon grand désespoir, ils faisaient la sourde oreille.

Je décrétai qu'il fallait employer les grands moyens et sautai sur la poignée. À la troisième tentative, elle s'ouvrit dans un claquement sec. J'explorai l'entrée, puis passai dans le séjour et me mis en affût côté rue.

Rien ne se passait depuis un quart d'heure quand soudain des bruits inquiétants parvinrent à mes oreilles. Des grincements, des chocs, des couinements et des bruits de vaisselle cassée. Quelques minutes plus tard, l'attaque se précisa sur le front ouest, se matérialisant sous la forme d'un rayon laser. Des flashs orange illuminaient la chaussée. Trop curieux pour fuir, je me réfugiai derrière les rideaux.

L'engin déboucha dans la rue dans un feu roulant, énorme masse métallique aux mâchoires d'acier en mouvement permanent, enfermant, avalant, broyant tout dans sa gueule d'enfer, en un feulement terrifiant.

Deux hommes couraient de chaque côté, alimentant l'animal, qui activait ses lance-flammes, de blocs de plastique gris. Atterré, je me sauvai à toutes pattes et hurlai ma peur à la porte de mes hôtes. Elle s'ouvrit avec fracas, me faisant fuir à nouveau sous l'abri anti-engueulades le plus proche, soit une des chaises de la cuisine.

— Surcouf, t'as vu l'heure ?

Non, je n'avais pas regardé !

— Il est cinq heures du mat' ! me renseigna-t-elle, répondant à mon interrogation muette.

Puis elle remarqua les tirs de laser transperçant les vitres du séjour.

— Oh ! Excuse-moi, mon bébé ! Tu as dû avoir peur des éboueurs…

Elle m'emmena d'autorité dans sa chambre à coucher, me posant sur l'édredon, puis se recoucha. Soudain, prise de soupçons :

— Au fait, que faisais-tu dans la salle à manger à cette heure-ci ? Tu n'étais pas enfermé dans la cuisine ?

Non, justement, je n'étais pas enfermé. Je profitai de la brèche ouverte pour me glisser sous les draps et me coller contre les jambes de Pat.

— Ah non, grommela-t-il dans un demi-sommeil. On avait dit pas dans le lit !

Et il se mit à ronfler bruyamment. Je fis écho en ronronnant aussi fort. J'imaginai le petit sourire triomphant de la jeune fille.

Nous nous réveillâmes tous les trois à sept heures, quand la minichaîne illumina la pièce de sa lumière martienne. Cela me remit en mémoire la guerre des étoiles du petit matin, quand les rayons laser avaient voulu m'assassiner. Puis on entonna en fanfare la *Jazz suite n° 1 pour piano concerto* de Chostakovitch.

— Merde ! J'ai oublié de baisser le son de la chaîne !

Pat, n'ayant pas trouvé la télécommande, sauta à bas du lit. Je me blottis contre le ventre brûlant de ma compagne pour un répit de tendresse. Pat, jaloux, nous secoua.

— Allez, debout ! C'est l'heure, de toute façon !

Je ne comprenais pas. Pour ma part, je n'avais pas d'horaires. Je devais apprendre que les humains avaient une horloge en permanence connectée à leur cerveau. Moi, j'étais né sans montre.

Je fus le premier servi. Le petit déjeuner était copieux : mijoté de veau en sauce aux petits légumes (je les recrachai consciencieusement dans un coin), fromage blanc à quarante pour cent et coupelle de lait. J'avais tout terminé avant que mes hôtes ne passent à table. Je donnai un coup de patte à l'homme pour qu'il s'occupe de moi. J'avais envie de m'amuser.

— Je travaille, aujourd'hui, Surcouf ! Je ne vais pas avoir le temps de jouer avec toi.

Je m'agrippai à sa manche.

— OK, bonhomme !

Il me fabriqua une boule avec un papier argenté et me la lança à travers le séjour. Je partis au quadruple galop, surfai sur les lames de parquet vitrifiées et négociai un virage serré pour stopper la tête la première dans le montant d'une chaise en pin. Je dribblai la balle, un gauche, un droit, puis un gauche à nouveau en direction de la cuisine. Je m'aplatis sur le sol, attendant le retour. La balle ne revint pas. J'allai me plaindre à mon adversaire.

— Wouin-in !

— Ah oui ! articula-t-il, la bouche pleine.

Il relança le projectile dans l'autre pièce. Ce manège dura un quart d'heure, jusqu'au rappel à l'ordre de Katia. Je devais me rendre compte que c'était surtout la fille qui était connectée à une horloge interne.

— Dépêche-toi, Patou, on va être en retard au boulot ! Tu joueras avec le chat ce soir !

« Le chat » était le deuxième nom employé par l'un ou l'autre, en deux circonstances : quand ils étaient énervés ou quand ils étaient pressés. Sinon, je m'appelais « Surcouf », « mon minou », « bébé » ou « mon trésor ». Comme Katia était pressée, elle dit « le chat ». Elle m'embrassa sur le front. Eux aussi avaient plusieurs noms selon le moment : « Pat », « Patou », « ma chérie », « Kitty », « Kate », « Katia », « imbécile », « pauv'con » ou « va-te-faire-voir ». Elle me donna une petite gamelle de croquettes.

— Tu seras sage ! décida-t-elle pour nous deux. Nous allons gagner ta pitance. On repasse ce midi.

Et ils m'abandonnèrent.

Je croquai trois granulés secs et salés comme des cacahuètes et cherchai mes compagnons dans toutes les pièces. Ils m'avaient bel et bien laissé tomber. J'appelai de toute la force de mes poumons.

— Wouin-in-in ! Wouin-in-in !

Je me lassai au bout d'un quart d'heure et montai à l'étage poursuivre mes investigations de la veille. Je découvris des objets hétéroclites dans les interstices du plancher mal joint. Au bout d'un temps certain, la moisson était bonne.

J'avais amassé un bout de chanvre, une épingle à nourrice, deux trombones, un joint de robinet, une cheville plastifiée et un monceau de poussière.

Un morceau de tissu effiloché rouge, blanc, bleu, qu'un gamin aurait pu orner, en imagination, d'une médaille de la drôle de guerre, dépassait d'une latte disjointe, mais pour moi ce n'était qu'un morceau de tissu effiloché noir, blanc, gris.

J'en vins à m'ennuyer. Je redescendis d'un étage et me mis en affût à une des trois fenêtres du séjour, guettant je ne sais quoi, mais guettant. Je m'installai dans la position « attente longue », mes pattes arrière sous mon ventre, mes antérieures repliées en une courbe harmonieuse, les prunelles tournées vers l'objectif. Mes yeux se fermèrent à la lumière du jour, ma tête tomba en avant. Je sursautai et essayai de garder la tête haute. À la troisième tentative de Morphée, je m'endormis.

Un cliquetis métallique me réveilla. Je me redressai et repris ma surveillance de la rue. Une voiture mauve s'arrêta devant la maison.

Mes deux adoptés en sortirent. Je me mis debout, les deux coussinets avant sur la vitre, et fis des mouvements de tête pour l'assouplir. La fille me vit et répondit d'un signe de la main, imaginant que je lui disais bonjour.

Quand ils disparurent à ma vue, je me précipitai dans le vestibule pour les accueillir, car j'avais très faim. Ils furent tout émus de cette marque d'attention, et chacun déposa du plat de la main son odeur sur mon dos. Je me nettoyai d'un coup de langue avant de les suivre dans la cuisine. Je n'eus droit qu'à une cuillerée à café de pâtée.

— Tu auras ta vraie gamelle quand on s'en ira !

J'ignorai ce ridicule en-cas et retrouvai ma boule argentée derrière un porte-revues. Je la dégageai d'un mouvement de patte, la pris délicatement entre mes crocs sans la déformer et la déposai entre les espadrilles de Pat, vautré sur le canapé, un *VTT Magazine* déplié sur les genoux. L'homme continua sa lecture. Alors, d'un bond leste, j'atterris sur le papier glacé, le chiffonnant suffisamment pour rendre le magazine illisible.

— Je vois que tu as de la ressource !

Il me lança ma bille d'argent. Je la réceptionnai en plein vol et la lui relançai d'un crochet du droit. J'étais doué comme gardien de but. Il dut ruser et la faire rouler sur mon flanc gauche pour percer mon infaillible défense. Je fus triste de les voir se diriger de nouveau vers la porte d'entrée pour partir. Je dois confesser que je ne vis pas passer l'après-midi, trop occupé que j'étais à faire la sieste.

Je ne les entendis pas rentrer. Mon compagnon de jeu mit un quart d'heure à me découvrir dans le lit. J'étais caché entre l'édredon et les draps. Il me présenta un drôle d'objet fait de sangles et de boucles aux remugles de vache. Pat eut beaucoup de difficulté à m'emprisonner dans cette camisole. Je n'appréciais pas du tout ce parfum musqué, et il dut me poursuivre à travers tout l'appartement, sauf le grenier, car il avait pris soin d'en fermer l'accès, pour m'attacher ce drôle d'engin sous le ventre. Quand il réussit, il clippa une laisse à l'une des boucles du harnais et m'annonça :

— On va visiter le jardin !

Il ouvrit la porte de sortie. Cette fois, je ne me fis pas avoir. Je descendis quatre à quatre les marches sans m'arrêter, entraînant Pat dans mon sillage, tel le hors-bord qui tire un skieur nautique.

— Tu es fou de dévaler l'escalier comme ça. Je n'ai que deux pattes, moi ! Comment veux-tu que je rivalise avec toi ?

Je répondis par un « brouh-hou » interrogatif et me postai devant l'accès au jardin. Une odeur de mousse, d'herbe et de terre me sauta au museau.

J'étais aux anges. Je fouinais partout, méthodiquement, longeant la périphérie. Je commençai par un conteneur gris près de la porte, ressemblant étrangement à ceux qu'avalait le monstre d'acier aperçu le matin même.

Il refoulait un nombre impressionnant de messages olfactifs de congénères à quatre pattes. Cela me déplut profondément. Puis je tombai sur un rosier grimpant, que j'évitai soigneusement, car j'avais de douloureux souvenirs d'enfance avec un de ses cousins.

Je rencontrai un serpent vert en plastique, roulé en spirale autour d'un support mural. Je piétinai des plates-bandes qui attendaient les semis, le long de l'autre mur, et me cognai à un arbuste. Puis je fus immobilisé brusquement, ma laisse entortillée dans une haie de framboisiers dénudée de ses feuilles, mais pas de ses armes.

Je reniflai ce nouvel ennemi, qui se défendit, me lacérant le nez de ses dards affûtés. L'homme, qui me suivait pas à pas, dut se mettre à deux jambes et deux bras pour me libérer et en ressortit les mains en sang, jurant des mots que la décence m'interdit de répéter ici.

L'incident fut bénéfique : il m'ôta la laisse. Je pus me vautrer dans l'herbe tendre sans m'empêtrer, roulant sur moi-même, glissant sur le sol pour m'imprégner des effluves de la terre. Un amoncellement de bois s'érigeait le long du troisième mur. Je mis du temps à lire toutes les petites annonces laissées par les chats du quartier sur les rondins du bas, puis je grimpai sur le tas et appréciai à sa juste valeur la qualité de la matière à l'aide de mes armes tranchantes. Je redescendis, atterrissant le museau le premier dans une touffe rabougrie de menthe poivrée. L'hiver avait fait son œuvre sur les végétaux : pas une plante ne résistait, pas une fleur ne pavanait.

J'allais me couler sous la porte d'une petite cabane en crépi, le clou de la visite, quand j'entendis un « clac » et je fus arrêté net dans mon mouvement, patte avant droite en suspension, tel le coyote du dessin animé en vol stationnaire au-dessus du précipice.

— La nuit tombe et en plus il fait froid. On va remonter, d'accord ?

Je n'étais pas d'accord, mais je ne répondis pas, et nous rentrâmes à la maison, non sans avoir fait de nombreux arrêts dans l'escalier.

7

Jours de fête

La nuit se passa comme la précédente. Ce fut la dernière. Je mangeai sitôt enfermé dans ma chambre-cuisine, je terrassai ma litière, je dormis, je mangeai, je guettai les ombres inquiétantes, je pleurai, puis j'ouvris la porte et me promenai dans le séjour. Une heure avant le réveil de mes hôtes, je sautai sur la clenche de la chambre à coucher et me glissai contre les jambes de Pat qui grommela des jurons du genre :

— Toi, le petit emmerdeur, tu vas voir ce que tu vas voir !

Et il replongea dans ses ronflements. La matinée se déroula en fouilles archéologiques au grenier, le midi, en partie de tennis avec Pat, et, en fin de journée, je retournai dans le jardin. Cette fois, je me glissai tout de suite sous l'appentis. L'homme avait prévu le coup. Il sortit une clé de sa poche et ouvrit pour me surveiller.

— C'est pour vérifier tes bêtises, argumenta-t-il comme excuse pour s'immiscer dans mon domaine privé.

Des araignées couraient le long des murs pour s'abriter de la lumière et des intrus. J'en croquai une en passant. Elle avait un petit goût de noisette. Pat me sermonna avec véhémence et se détourna avec dégoût. Je ne comprends pas. Eux aussi ingurgitaient de la nourriture à l'odeur nauséabonde, comme le jus d'orange ou les oignons frits. Mais, moi, je ne faisais pas de réflexions désobligeantes.

La cabane regorgeait d'objets hétéroclites. Je pris beaucoup de temps pour explorer tous ces trésors : des pots de fleurs vides, des tuiles, des bouts de bois, une tondeuse avec une laisse comme moi, des outils de jardinage et surtout deux vélos distillant un tas de renseignements. Pat dut me porter pour me faire quitter cet endroit idyllique et dut me promettre d'y revenir demain.

Je passai la soirée sur les genoux de Kate, devant la petite lucarne, où cent un chiens blancs et noirs déambulaient en gesticulant et geignant pendant une heure. Affreux !

La nuit se déroula sans incident, jusqu'à l'aube. Là, je sautai sur la clenche. La porte resta hermétiquement fermée. Je recommençai encore et encore jusqu'à épuisement. Rien ! Avais-je perdu la patte ? Je ne compris pas que l'homme avait donné un tour de clé. J'étais prisonnier. Je pleurai, je grattai, je hurlai, sans résultat.

Je finis par me coucher sur mon lit-cuisinière, face à la porte, les yeux rivés sur la poignée comme pour l'ouvrir par la seule force de la pensée, sans succès.

Mes deux paupières tombèrent malgré moi, et je plongeai dans un univers peuplé de rêves. Pat m'agita la main devant les yeux. Je sursautai.

— Tu vois ? Aujourd'hui, c'est moi qui te réveille !

— Miaou ! l'accueillis-je.

Le jour était levé depuis longtemps. Le ciel était blanc. Pat m'expliqua que c'était le week-end, que ces jours-là on se levait plus tard et que les maîtres restaient à la maison. Je protestai : d'abord, il était dix heures, et je n'avais pas déjeuné. Ensuite, c'était moi le maître. La pâtée et le fromage blanc étaient délicieux. J'arrêtai de me plaindre. De toute façon, j'avais la bouche pleine.

Je me mis à la fenêtre et fus le premier à voir tomber la neige. J'essayai d'attraper les flocons à travers la vitre, m'agrippant aux rideaux, au plus grand désespoir de Katia qui, de guerre lasse, me laissa lacérer le voilage. Le jardin devint uniforme très rapidement. Je ne sortis pas la patte de la journée.

L'homme décréta que ce n'était pas un temps à mettre un minou dehors. En compensation, pour ne pas avoir tenu sa promesse de la veille, il m'annonça une surprise d'un ton important. Il me fit savoir qu'on était le 18 décembre et qu'on allait installer le sapin de Noël.

Il entreprit l'ascension du grenier. Je le doublai dans la montée, passant entre ses jambes au risque de le faire basculer dans le vide. Il fallait que j'arrive avant lui.

Puis je me postai devant mes fouilles archéologiques. Il se dirigea vers une caisse en bois, sans même jeter un coup d'œil dans ma direction.

J'étais scandalisé. Je fixai mon tas avec insistance pour attirer son attention, mais l'homme ployait sous sa charge et m'invita de la voix à le suivre à l'étage du dessous. Ne comprenait-il rien ? Les humains sont d'une lenteur désespérante pour assimiler le langage des chats. Ils jacassent toute la journée, ont besoin de la parole pour communiquer entre eux. C'est une méthode tellement longue et fastidieuse pour faire passer ses idées, alors qu'un simple félin transmet ses désirs d'un simple clignement de l'œil ou par la transmission de pensée. Une lueur de compréhension illumina enfin son regard. Il posa sa caisse en haut des marches.

— Waouh !

Là, c'est lui qui parle.

— Où as-tu trouvé toutes ces merveilles ? Kate, monte ! Viens voir les cadeaux de notre fils !

Il s'assit en tailleur par terre et sépara les objets exhumés du passé, de l'amas de poussière. La fille se pencha sur mes trésors et contempla le tas d'un air admiratif. Moi, bien droit, sans sourciller, je me tenais à une distance respectable pour observer le tableau.

— *Look*, Katia ! Une ancienne pièce de un centime, et là, un penny !

— J'aurais préféré qu'il découvre des napoléons !

Pat mit très sérieusement de côté l'objet de mes recherches dans une boîte en plastique translucide.

— Voilà ! Super moisson, Surcouf ! Félicitations !

Il y avait les pièces de monnaie, le ruban, les trombones, de la ficelle, des joints, des rondelles de cuivre, des colliers de plastique, des perles et, surtout, une bille assortie à mon pelage, que j'avais mis une demi-heure à extraire de sa cachette. Je consentis enfin à suivre le mâle et sa volumineuse caisse en bois à l'étage inférieur.

Ce fut à mon tour d'être fasciné par le coffre au trésor de l'homme. Une multitude de boas pailletés, de boules de couleur et des personnages en terre cuite sortirent de la boîte. Je humai toutes ces choses. Je me roulai dans les guirlandes, les mordant, les jetant en l'air, bravant ces serpents multicolores, qui perdaient un peu plus d'écailles sous chacun de mes assauts.

J'en ressortis sous les quolibets de Pat. J'étais couvert de paillettes, j'étais grimé comme un vulgaire chat de carnaval. Vexé, je m'assis à l'écart pour me débarrasser de tout ce fard. J'étais absolument contre le maquillage, étant beaucoup plus séduisant au naturel, avec mon masque facial blanc rehaussé d'un pompon rose, mes reflets cuivrés et mes yeux or massif. Pas besoin d'en rajouter. J'étais un être parfait, surtout depuis que mes chaussettes restaient immaculées grâce à ma vie sédentaire.

Je m'approchai de la structure, censée ressembler à un sapin de montagne. Il sentait le plastique à plein nez. Pat accrocha des boules scintillantes. J'administrai un coup de patte à l'une d'elles pour la faire tournoyer. Elle lança des éclairs bleutés.

J'étais subjugué. Chaque fois qu'elle se stabilisait, je la relançais de plus en plus fort, de plus en plus vite. Elle s'envola et atterrit après un saut périlleux arrière, sur le plancher, dans un bruit mat, s'éparpillant en une pluie d'étoiles. Je ne compris pas la colère de l'homme. C'était pourtant du plus bel effet ! Je me repliai sous la chaise la plus proche.

Quand Pat enroula les boas autour du monticule en plastique, je m'approchai prudemment. Les serpents étaient toujours vivants ! Ils ondulaient autour des branches. J'en attrapai un au vol et le mordis violemment, puis je le tirai de toute la force de mes griffes.

Le haut du sapin tournoya sur lui-même, une pluie d'étoiles s'écrasa à nouveau sur le sol. Pat me hurla dans les oreilles. Kate se tenait les deux mains sur les hanches, à l'entrée de ma cuisine-chambre. Je me repliai à nouveau sous ma chaise-abri.

— Je t'avais bien dit que décorer un sapin de Noël avec un chat dans les pattes, c'est du suicide !

J'abandonnai la lutte, même quand, le soir venu, il se mit à lancer des flashs lumineux. Mais il ne perdait rien pour attendre.

Les semaines suivantes, quand je fus seul dans l'appartement, il eut ma visite tous les jours et il perdit un attribut à chacune de nos rixes, ainsi que la petite maison installée à côté.

Quand les fêtes de fin d'année furent passées et que Pat démonta le sapin, il ne remit que cinq boules dans la boîte de rangement contre trente le jour du grand déballage, trois semaines plus tôt. Cinq sphères brillantes, que je n'avais pas réussi à atteindre, parce qu'elles étaient accrochées bien trop haut. Le petit Jésus dans la crèche et son lit de paille ne furent jamais retrouvés. J'avais achevé les serpents. Je pense donc que je peux m'octroyer la victoire finale de cette guerre ; en toute modestie, bien sûr.

J'aimais, comme toute la gent féline de gouttière et de race, la routine et la tranquillité au quotidien. Je poursuivais mes fouilles, mes observations, mes jeux et mes siestes. Le manteau d'hermine à l'extérieur disparut un bel après-midi ensoleillé. J'eus de nouveau le droit de fouler ma propriété.

Sitôt dans le jardin, je tournai à droite, longeant le container gris, et m'engouffrai par le soupirail, où des odeurs familières jaillirent à mes muqueuses. Pat me héla par le trou dans le mur pour me faire revenir. Sa voix avait pris une résonance caverneuse.

L'endroit était vraiment trop passionnant pour que je réponde. Ça sentait la terre battue humide, les pommes de terre germées, la vinasse, la moisissure et le bois en décomposition. Je me gavai de tous ces parfums enivrants pour un chat en appartement aseptisé.

L'homme, entre-temps, m'avait rejoint par l'escalier de service dans mon univers souterrain. Il alluma, à ma plus grande détresse, faisant fuir des dizaines d'araignées. J'eus quand même le temps d'en déguster une au corps d'athlète et aux petits yeux noirs. Pourquoi les humains doivent-ils toujours tout gâcher ? Je passai une éternité à déposer mon musc personnel dans tous les recoins, sur le bas des murs et des caisses, sur les étagères et les pots de confiture. Je marquai mon territoire aux quatre points cardinaux de la cave et sur les bouteilles de vin.

Là, Pat me rappela sévèrement à l'ordre. Tout m'attirait, je ne savais plus où donner du museau. Mon compagnon dut encore me prendre dans ses bras pour me faire remonter. J'eus le regret de ne pouvoir déposer une dernière marque odorante en haut de l'escalier.

Tant pis, je m'y attellerais à la première occasion. La cave, en tout cas, ne sentait plus le monde souterrain, mais le musc de chat berger.

Une surprise m'attendait à l'étage. Les chats n'aiment pas les surprises, en règle générale, mais celle-ci était de taille. Pendant que j'arpentais mon domaine, ma copine avait allumé la cheminée.

Comment expliquer le bonheur d'un feu de bois ? Je ne pris même pas la peine d'aller voir ma gamelle. J'étais fasciné par les trolls dansant derrière la vitre du foyer, dans une chorégraphie imaginée par le diable en personne. La chaleur de l'enfer me cuisait le dos. La lueur diabolique incendiait mon pelage. Des feux follets brillaient dans mes yeux. J'étais aux anges (façon de parler) !

Je m'installai sur le pouf, devant l'âtre rougeoyant, offrant mon ventre à la marmite du diable qui crépitait et lançait des flammèches incendiaires contre la surface vitrée. Pat ouvrit la cheminée pour ajouter une bûche. Une odeur de résine surchauffée envahit mes narines, et des farfadets s'échappèrent dans la pièce. Je me mis à rêver des forêts des Vosges, de sangliers et de mon oncle, *Felis sylvestris*. Vivement sa fête ! Le sapin, encore en place à cette époque, accrochait la lumière du foyer avec ses boules multicolores. Je savais d'instinct que la cheminée serait à nouveau allumée, mais, avant ce jour de fête, j'allais subir un terrible spleen.

Cela débuta par une agitation anormale dans ma chambre à coucher ou la cuisine de Katia (comme on veut), et autour de la table du séjour. Pat et Kate ne s'occupaient plus du tout de moi, pestant même quand je me frottais après leurs jambes, grognant quand j'apportais un jouet et m'oubliant à tel point que je n'eus rien à manger pendant deux heures. Il faut dire que, contrairement à mes congénères, qui se contentent d'une simple collation le matin et d'une autre le soir, moi j'en exigeais neuf, comme mes vies, réparties comme suit : deux au lever, une au départ de mes hôtes pour le travail matinal, une à midi, une au deuxième départ de mes hôtes pour le travail de l'après-midi, deux à leur retour, une en début de soirée et la neuvième au coucher.

Certes, les portions étaient congrues, mais je n'admettais pas que ma gamelle reste vide et encore moins qu'elle ne soit pas à sa place exacte, sur le « T » de mon sponsor. Mais voilà que je fixais depuis un quart d'heure mon assiette vide et que personne ne s'en formalisait. Je finis par me coucher sur le dossier du canapé en un point stratégique et haut perché qui me permettait de visualiser la situation de loin tout en évitant les coups de pied malencontreux. Le malheur se matérialisa par un premier coup de sonnette. Kate, toute joyeuse et pailletée comme le sapin, et surtout ayant caché son odeur sous une autre malodorante, me mit au courant en ces termes :

— Aujourd'hui, c'est le réveillon de Noël. Nous allons avoir plein d'invités !

Je devais comprendre plus tard ce que signifiait « plein d'invités ». L'épreuve se traduisit par des voix stridentes pendant huit heures, des parfums pestilentiels, une multitude de jambes entre lesquelles slalomer, des attaques de talons aiguilles à esquiver, des effluves de fruits de mer qu'on m'interdit d'apprécier et surtout une course-poursuite de tous les instants pour éviter six petites mains potelées et roses.

Ces êtres avançaient sur leurs quatre pattes, comme moi. Heureusement, ils ne savaient pas bien s'en servir. Ils étaient trois, se faufilant entre les pieds d'hommes, les échasses de femmes et les pieds de table, glissant sur le parquet ou le carrelage, essayant de s'agripper à mes poils, de me tirer la queue ou les oreilles ou de me mettre les doigts dans les yeux. J'esquivai les coups bas pendant deux heures, me terrant dans les recoins les plus invraisemblables, me transformant en carpette, me cachant sous les meubles, quand l'un de ces bambins finit par me localiser derrière le minuscule espace laissé entre le lave-vaisselle et le mur. Pris au piège, je me défendis d'un direct du droit bien senti sur la main qui approchait de mes moustaches. La réaction ne se fit pas attendre. Un concert de hurlements s'éleva de la cuisine.

— Il m'a griffé ! Maman ! Papa ! Le méchant chat, il m'a griffé ! Wouin-in-in !

La mère ramassa sa progéniture, qui se tordait de douleur sur le carrelage dans, ma foi, un bon jeu d'acteur, me lançant un « sale bête » de temps en temps. Deux autres femmes empestant le « chat nul » N° 5 soulevèrent les autres bébés avec des regards de terreur vers le félin mangeur d'enfants. Katia, une fois seule avec moi dans la cuisine, essaya de me persuader de sortir de ma nouvelle planque, derrière la plinthe, sous un meuble bas.

— Allez, viens, Surcouf ! Je suis désolée. Ce sont eux, les méchants. En plus, j'ai examiné sa main : tu ne l'as même pas griffé. Ce sont de sales gosses. Viens, mon bébé adoré !

Sa voix douce et sensuelle était persuasive, comme toujours. Je me faisais avoir chaque fois. Je me laissai apprivoiser. Elle me serra contre sa poitrine veloutée, sublime consolation, et frotta sa tête contre la mienne, comme le veut la coutume féline. Je lui fis un suçon dans le cou, elle me le rendit, je pardonnai l'offense à l'encontre de ma personne.

Kate emplit mon assiette de langoustes, de moules, de crevettes et de noix de Saint-Jacques. Je mis la turbine en route pour manger. Elle installa une couverture sur la cuisinière et ferma les deux portes.

Les voix m'arrivaient étouffées, supportables pour des oreilles félines. La fumée de cigarette s'estompa, et plus personne ne vint m'importuner. Je m'endormis, l'estomac lourd, l'esprit apaisé.

Le lendemain fut beaucoup plus drôle. La salle de séjour était méconnaissable. Je jonglai avec des petites boules en crépon multicolores, je m'entortillai dans des guirlandes en papier, je me roulai dans les confettis, je léchai la chantilly restée dans les assiettes et surfai sur les serviettes en papier tombées à terre. Je m'amusai toute la matinée. Kate et Pat me lançaient des boules entre deux allers-retours dans ma chambre. Finalement, l'après-invités n'était pas désagréable.

Quand la fête de tous les chats arriva, l'homme alluma la cheminée, et la jeune fille découpa une tranche de foie gras en petits cubes de un centimètre de côté, taille idéale pour la gueule d'un matou affamé.

— Toi aussi, tu as le droit de fêter la nouvelle année ! Ce soir, tu seras seul. Ne nous attends pas pour te coucher. Nous allons rentrer tôt demain matin !

Ma soirée de la Saint-Sylvestre fut une vraie réussite. Le repas était des plus fins, l'atmosphère, silencieuse, mes hôtes avaient déserté ma maison, l'âtre crépitait et me chauffait le dos. J'espérai que ma deuxième fête serait aussi délicieuse, mais mes compagnons devaient oublier la Saint-Félix. Par contre, ils me souhaitèrent, six mois plus tard, une bonne fête en rigolant, m'expliquant qu'on était le 15 août et qu'à la mi-août on fêtait tous les minous.

8
Cohabitation

Deux animaux partageaient mon appartement. Je vous ai déjà parlé du premier, Vavavoom, le briard pelucheux trois fois plus grand que moi et qui suivait le moindre de mes déplacements de ses deux billes sombres cachées sous une épaisse frange noire et blanche. Je faisais toujours un grand détour quand je me déplaçais dans le séjour. Je ne lui avais pas rendu visite depuis le jour de mon arrivée.

Je m'approchai à pattes feutrées, yeux dans les yeux ; il ne broncha pas jusqu'au moment où nos museaux entrèrent en contact. Là, il recula. Bizarrement, il avait la truffe sèche et chaude. Je lui administrai une gifle, profitant de l'effet de surprise. Je l'avais tout ébouriffé ; il ne répliqua pas à mon attaque. Je décidai qu'il n'était pas dangereux. Je lui tournai le dos et le laissai à la surveillance de la salle à manger.

Le deuxième intrus était posé en hauteur, sur une étagère en verre, encastrée dans le mur nord. Il y avait trois étagères. Il avait choisi celle du milieu pour se poser et n'était vraiment pas facile à aborder. Je l'avais repéré dès le premier jour. Pensez donc ! Un authentique chardonneret immobile sur sa branche, qui me narguait derrière son masque écarlate. Je sautai sur l'étagère du bas et l'examinai par en dessous, attaquant la surface vitrée avec mon antérieure sans arriver à l'atteindre. Il ne daigna même pas me regarder. Je retournai le problème dans ma tête.

Après tout, j'étais un chat d'une intelligence exceptionnelle. J'allais sûrement trouver la solution. J'essayai de passer sur l'étagère concernée, mais c'était mathématiquement impossible. Il aurait fallu avoir des chaussons d'escalade, et je ne possédais que des socquettes glissantes.

En équilibre sur le bord, j'eus soudain un éclair de génie : je balançai la patte avant droite pardessus l'étagère, emprisonnai l'oiseau dans mes serres et tirai. Il chut sur le sol. Je sautai à sa suite et immobilisai rapidement ma proie avant qu'elle ne s'envole. La chute avait dû l'assommer, car il ne bougeait plus. Je lui brisai la nuque dans un bruit sec et lui arrachai les plumes de la queue. Curieusement, il refusa de lâcher sa branche, même quand je le dépeçai entièrement.

Un cri d'effroi, en provenance du séjour, me réveilla en sursaut. J'émergeai de dessous ma couette. C'était Pat qui découvrait le champ de bataille.

— Le chat ! Viens ici tout de suite !

Je ne savais pas pourquoi il criait. J'étais déjà là à l'observer par l'embrasure de la porte, attendant les compliments. Il m'attrapa par la peau du dos et me mit le museau dans les plumes éparpillées.

Non, merci ! Ça ne m'intéressait plus. Il était en pièces et il avait vraiment trop mauvais goût. Je tournai les coussinets et me mis en affût devant ma gamelle. L'homme ne daigna pas me servir.

— Toi, le chat, tu attendras ce soir pour avoir ta pitance.

Deux fois qu'il m'appelait « le chat »... Il devait être pressé, ou peut-être fâché, je ne sais pour quelle raison. Au bout d'une heure, l'homme vint me déloger de devant mon coin repas, resté désespérément vide.

Il me souleva du sol et s'installa sur le canapé du séjour, me posant sur ses genoux. L'homme avait presque tout nettoyé. Une plume rouge résistait encore entre deux lattes de parquet. Je la récupérerais plus tard.

— Tu vois, Surcouf, ce pauvre chardonneret était un souvenir de Pirate. Il l'avait tué dans le jardin par un beau matin de printemps et nous l'avait déposé en offrande sur le paillasson. Il était intact. Il n'avait même pas une marque de crocs. Je désapprouvais cet assassinat, mais nous le fîmes quand même empailler. La semaine suivante, Pirate disparaissait. Il ne revint jamais. C'était le dernier souvenir que nous possédions de lui, et toi, tu as mis à mort son trophée une deuxième fois. Maintenant, il ne nous reste plus qu'une photo jaunie de notre compagnon.

Je ronronnais, bercé par sa voix douce et posée. Je ne comprenais rien à son histoire, mais le timbre grave et monotone m'endormit. Je me réveillai quand Katia tourna la poignée de la porte d'entrée. Pat ronflait les yeux clos et la bouche ouverte. Je me précipitai vers mon coin repas, me rappelant que j'étais affamé. Je me propulsai en avant après avoir planté mes griffes dans les cuisses de l'homme pour une meilleure adhérence. Pat hurla de douleur tout en sursautant. Je miaulai ma faim et me frottai contre les jambes de Nylon, qui déposèrent leur électricité statique sur mon pelage, m'ébouriffant au passage.

— Pauvre minou ! Tu n'as plus rien à manger ?

— Wouin-in ! acquiesçai-je.

Je fis à nouveau crisser les bas de la jeune fille tout en surveillant la cuillère remplie de pâtée qu'elle tenait à la main. Notre ami commun émergea du salon en bâillant.

— Salut, chérie ! Ah ! tu lui as cédé !

— Ben, oui ! Il était tout affamé, le pauvre « pitchoun » ! Pourquoi ?

— Il est puni. Il s'est bien amusé cet après-midi. Il a dépecé l'oiseau de Pirate.

— Oh ! C'est pas vrai ? Tu as raison, il ne mérite pas sa gamelle !

Elle me retira mon assiette dûment récurée.

— Trop tard, il a tout avalé !

Complètement étranger, à cette conversation entre adultes, je me lissai les moustaches. Kate me déposa un baiser bruyant sur le front, que je venais de nettoyer consciencieusement, et me confia à l'oreille :

— Tu as bien fait de m'en débarrasser. Je n'aime pas les animaux empaillés. C'est Patou qui avait insisté pour le garder et, en plus, il était tout poussiéreux. Ne le dis pas à Pat, c'est un grand sentimental.

Je me léchai de nouveau le dessus des yeux.

L'hiver avait remballé son blanc manteau, le soleil embellissait de ses pâles rayons les journées encore un peu fraîches, le printemps s'annonçait en beauté. Pat avait installé une longe dans le jardin. Fixée au sol, elle courait de l'appentis au tas de bois. Il fixait le mousqueton de ma laisse de plusieurs mètres à cette corde de rappel, ce qui me donnait un rayon d'action important. J'arrivais à couvrir la moitié du jardin. Je passais de plus en plus de temps dehors. L'homme n'avait plus besoin de me surveiller avec ce système de son invention. Mais pourquoi avait-il besoin de m'entraver ou de me surveiller ? J'étais un chat adulte et vacciné, maintenant.

J'avais toujours une multitude d'informations à lire, des fouilles à effectuer, des araignées à croquer et mes armes à affûter. Le mur au-dessus de ma tête était brut de briques.

Il appartenait à un immeuble mitoyen de quatre étages, et des locataires clandestins squattaient les lieux tous les printemps. Ils avaient creusé des grottes à même le mortier et s'y installaient avec femelles et progéniture, me bombardant régulièrement de gravier.

Je lorgnais ces voisins bruyants et indisciplinés de sous la porte de la cabane. Mais je crois bien que ces hôtes ailés m'avaient repéré.

Pat avait fabriqué une niche, où il déposait chaque semaine des graines à oiseaux. J'essayais bien de les attraper au vol, mais la mangeoire, comme un fait exprès, était accrochée trop haut. Je m'en plaignis auprès de mon compagnon. Il refusa catégoriquement de la redescendre à ma portée.

J'étais spolié. Je devais supporter cette promiscuité sans en tirer aucun avantage en nature.

Je me rattraperais quelques mois plus tard, avec les oisillons tombés du nid. En fait, cette cohabitation n'était pas pour me déplaire ; j'occupais mes longues heures de solitude à observer leurs allers-retours.

Un nouvel intrus devait s'avérer beaucoup plus gênant. Il se matérialisa une fin d'après-midi, en escaladant la grille de fer forgé de ma propriété. Il sauta lestement sur la mousse abandonnée par l'hiver, dans mon périmètre inaccessible. Je ne pouvais pas le virer, ni défendre mon territoire, comme la règle féline le dicte. Il s'assit au loin et commença une toilette minutieuse, en un sans-gêne inimaginable, au détriment des lois érigées, ignorant ma présence, feignant l'indifférence.

Je retroussai les babines, je dilatai mes pupilles, gonflai mon poil et feulai, imitant le gros chat orange de la télévision. Il ne se retourna même pas et, comble de l'impolitesse, se lécha les parties, dévoilant à mon regard son sexe rose.

Je me repliai, penaud, sous la porte de l'appentis, accroupi en position d'attente, et ne le quittai plus des yeux. Il allait certainement faire l'*erreur* : il allait passer dans le périmètre de ma corde, et j'allais lui faire comprendre qui était le maître des lieux. Monsieur (c'est le matricule qu'il portera plus tard) était plus âgé que moi de six mois.

C'était un mâle entier européen. Son pelage gris rayé de noir le camouflait parfaitement au regard des rôdeurs noctambules. Ses pupilles de nyctalope étaient d'un vert des mers du Nord, sa queue très fine et très allongée, annelée sur toute sa longueur, dénotait des gènes de chat sauvage.

Le plus impressionnant, il le portait sur sa figure. Il se cachait derrière le masque de Zorro. Sa tête, disproportionnée, était surmontée d'énormes bajoues à faire fuir tous les castrés du quartier.

Sa langue, petite et rose, en arrêt au-dessus de sa patte avant, il plongea ses émeraudes dans mon ambre profond. Je pris du recul pour me soustraire à sa vue. Aujourd'hui, il était le maître du jardin. Je prendrais ma revanche quelques jours plus tard.

La porte d'accès au couloir grinça sur ses gonds. Elle coinçait avec l'humidité. Le tigré sauta prestement dans la rue avant que Pat n'apparaisse au milieu du chambranle. Il libéra le mousqueton qui me retenait prisonnier à la longe, je sprintai de toute la vitesse de mes quatre membres vers le trou dans le grillage. La laisse volait derrière moi.

Soudain, je fus stoppé net, étranglé. L'homme avait malencontreusement bloqué la corde avec son pied et m'immobilisait en plein élan. Après avoir toussé trois fois, je tirai sur ma laisse, mais, contre toute attente, Pat me souleva de la terre ferme et me remonta dans les étages. Je protestai avec véhémence. Mon devoir était de rattraper l'ennemi. Il fallait que je lui apprenne à vivre, à ce pouilleux des villes, que je le corrige pour avoir osé franchir les limites de ma propriété privée.

Je dédaignai mon assiette et gagnai directement mon site d'observation devant la fenêtre de l'escalier. Pourquoi ces humains ne comprenaient-ils jamais rien ? Resteraient-ils tranquillement à rêvasser, si un cambrioleur s'introduisait chez eux sans autorisation préalable ?

Je patientai sept minutes, pas une de plus, avant que sa face d'Halloween s'encadre à travers le trou du grillage. Il sauta en souplesse sur la mousse et disparut hors de ma vue en un clin d'œil. Il s'était introduit dans ma cave par le soupirail. Persuadé de le voir ressortir côté rue, je me précipitai à la fenêtre opposée. Personne ! Il s'était métamorphosé en chat invisible. Je passai d'une fenêtre à l'autre une vingtaine de fois, sans résultat, avant que Patou m'intercepte.

— Qu'y a-t-il, chaton ? Tu as vu passer un de tes congénères ?

Incroyable ! Pour la toute première fois, il avait compris le problème. Il allait enfin pouvoir me laisser chasser l'intrus après l'avoir mis en pièces.

— Viens voir plutôt ta gamelle. Il y a un petit extra !

Cette fois, j'en étais sûr, on ne pouvait absolument pas faire confiance aux deux-pattes. J'avalai tout rond les petits dés de saumon frais et me roulai en boule, dépité, sur le canapé du salon.

Quand je m'éveillai, j'avais chassé l'inconnu après l'avoir lacéré de mes crocs et de mes griffes. Alors, imaginez ma surprise quand, le lendemain matin, je vis l'ennemi n° 1, trônant fièrement sur mon tas de bois, scrutant l'horizon comme un régisseur son domaine, indemne des blessures que je lui avais infligées pendant mon sommeil. Je refusai catégoriquement de manger et pleurai, grattai, geignis, me roulai par terre devant la porte de sortie. Katia, pas dupe, examina le côté jardin.

— Oh ! viens voir, Patou ! Un tigré comme Pirate. Et si c'était lui qui était revenu ? On va essayer de l'approcher.

Mon compagnon arriva en courant pour observer l'intrus à son tour.

— Désolé, Kitty, ce n'est pas lui ! Celui-là a des rayures beaucoup plus noires. Pirate avait un pelage plus gris et uniforme.

— Oui, tu as sans doute raison ! J'avais seulement espéré un moment ! C'était idiot !

Je la vis essuyer une larme. Et moi, dans tout cela, on m'oubliait. Je les rappelai à l'ordre.

— Brouh-hou !

Ils m'ignorèrent.

— En tout cas, il est super mignon ! J'irais bien lui faire des câlins.

— Attends un peu qu'il s'habitue à notre présence. S'il vient régulièrement dans le jardin, je suis sûr que dans une semaine ou deux on pourra l'approcher. On va commencer par lui mettre une gamelle à la cave.

— Surcouf ! On t'emprunte la tienne quelques minutes ! D'accord ?

— Non, pas d'accord !

Pourquoi poser la question ? Ils ne tinrent pas compte de mon opinion. Pendant que Pat m'empêchait de sortir, Kate quitta l'appartement, ma propre auge remplie de ma pâtée odorante dans la main.

Pat ne toucha pas les marches quand le fauve, en l'occurrence moi, fut lâché dans l'escalier. La laisse apprit à voler derrière moi, et Pat apprit à dévaler les marches quatre à quatre, sur mes métatarses. Il me supplia de ralentir, mais je restai sourd à ses imprécations, tout comme lui. Cette fois, je gagnai la course et arrivai bon premier à la porte de la cave. Comble de la chance, elle s'était déverrouillée grâce à l'appel d'air qui s'était produit à l'ouverture de l'appartement du premier étage. Je la tirai d'un coup de patte expert et m'engouffrai dans l'antre de la bête.

Elle était là, hideuse, sombre, terrifiante, attablée devant ma gamelle. Je ne lui laissai pas le temps de finir sa bouchée et lui sautai à la gorge dans une prise de crocs digne de Dracula. En fait, j'atterris plutôt sur son arrière-train, toutes griffes sorties. Le monstre hurla et pivota sur lui-même. Je dus lâcher prise et l'immobilisai alors à la nuque. Nous roulâmes dans la terre battue, nous arrachant mutuellement quelques poils au passage. Je ramassai une estafilade sur l'oreille gauche, je lui administrai une griffure au-dessus de l'œil droit. Chacun avait laissé sa signature sur l'autre.

Pat frappa dans ses mains pour faire diversion. Le pire, c'est que cela réussit. Surpris par le bang, je le regardai. Ma seconde d'inattention me fut fatale, ma proie s'échappa par le soupirail. Mon compagnon de vie ne me laissa pas le loisir de le poursuivre. Il me souleva de terre (battue, c'est le cas de le dire cette fois) et me secoua comme un prunier tout en me sermonnant pour mon manque de tolérance vis-à-vis d'un de mes congénères.

La demi-heure qui suivit, je passai deux mauvais quarts d'heure. À la lumière du jour, mes hôtes me découvrirent poussiéreux, le pelage poudré de gris, des balafres sur les oreilles et le nez, et la queue farcie à la pâtée de saumon. Pat annonça le verdict :

— On va le mettre sous la douche !

— Tu es fou ? Les chats détestent l'eau !

— Il n'avait qu'à pas se battre et se mettre dans cet état. Je vais m'enfermer avec lui dans la cabine de douche.

Kate entendit des hurlements à déchirer les cœurs, des coups portés contre la paroi en Altuglas, des grincements de griffes sur l'émail et des jurons que je ne peux pas rapporter ici.

— Apporte une serviette de bain !

La jeune fille m'emmitoufla dans un linge éponge aux effluves de lavande. Humilié, mouillé, chahuté, j'étais démoralisé. Je restai prostré et ne réagis même pas quand elle me serra contre son cœur. Je vis Pat sortir de la salle des supplices, trempé lui aussi de la tête aux pieds et les mains en sang. Lui se débrouilla tout seul pour s'essuyer et panser ses blessures.

Katia me frictionna tout en me murmurant des mots suaves à l'oreille et en m'embrassant sur le front. Installé sur ses genoux, je me laissai attendrir, comme toujours. Je ne me reconnus pas quand elle ôta le drap de bain. J'avais doublé de volume, j'étais tout ébouriffé et je sentais un subtil mélange de déodorant pour WC et de soleil de Provence.

— Pat ! Apporte-moi des cotons-tiges et un désinfectant !

Ce fut le deuxième mauvais quart d'heure. Je secouai mes oreilles, qui me brûlaient, puis, vaincu par toutes ces émotions, je m'endormis entre les seins de ma compagne.

Les jours qui suivirent, l'intrus s'appropria la moitié de mon jardin. Il régnait sur le troène, la table à bonsaï, les rosiers, les plants de tomates et le soupirail de la cave ; moi, j'administrais le lilas, le tas de bois, la mangeoire aux oiseaux, l'appentis et les plants de menthe poivrée du Maroc. Un partage certes équitable pour un observateur extérieur, mais complètement scandaleux quand on considère que j'avais pris possession de la place bien avant lui, soit six semaines plus tôt.

De plus, j'avais de quoi protester : lui se baladait librement dans son domaine réservé, alors que moi j'avais toujours un fil à la patte ou tout au moins au cou.

Il fut baptisé deux semaines plus tard par Kitty et adopté au bout de cinq ans. C'est lui qui ne voulait pas. Il resta sauvage pendant des années et ne se laissait approcher que par une personne dont la main était porteuse d'une gamelle dûment remplie. Son baptême fut des plus simples. Katia l'appelait depuis plusieurs jours « Monsieur le chat », à cause de son port hautain et d'une tache sombre sous le cou, juste au niveau du menton, qui contrastait avec sa collerette claire et que la jeune femme compara à un nœud papillon. De fil en aiguille, son nom se raccourcit, et il se fit simplement appeler « Monsieur ».

9

Style de vie

Il bougeait encore. Je lui donnai un coup de patte. Il battit faiblement des ailes, dont une pendait lamentablement. Il eut un soubresaut. Je lui fracturai la nuque d'un coup de dent sec, puis le pris dans ma gueule et le secouai comme pour faire tomber toute sa couverture. Deux plumes de duvet gris pâle tournoyèrent dans l'air frais du matin et se posèrent délicatement sur le sol après une ultime arabesque. Je n'étais pas aussi doué que l'épervier, qui, lui, déplumait sa proie rémige après rémige, rectrice après rectrice, sus-caudale après sus-caudale et alula après alula, formant une couette ronde et épaisse autour de ses serres et qui dégustait sa victime entièrement mise à nu. Ce n'était pas mon cas. La queue eut du mal à se frayer un passage à travers mon gosier. Je toussai, puis crachai, puis vomis dans l'herbe raréfiée par mes nombreux passages au même endroit, un mélange de boyaux et de duvet spécial oisillon tombé du nid.

Monsieur regardait de loin ce lamentable spectacle. Un engoulevent s'était juché au-dessus de sa tête, sur une branche basse du troène. Contre toute attente, il ne daigna même pas lui jeter un regard. Il fit deux tours sur lui-même et se roula en boule pour entamer une sieste réparatrice, dans l'axe exact du seul rayon de soleil atteignant le jardin à cette saison. Moi, j'étais à l'ombre. Il bâilla une dernière fois avant de s'endormir. Secoué par des tics nerveux laissant supposer un rêve agité, il se réveilla dix minutes plus tard à l'ombre. Il étira ses membres et se déplaça de cinquante centimètres pour se positionner à nouveau dans le rai de lumière. Il recommença ce manège une dizaine de fois, jusqu'à se retrouver au mitan du parterre de roses, évitant avec art la lacération par les épines de ces redoutables prédatrices.

Je descendis en souplesse de mon observatoire, tout en haut du tas de bois, utilisant au maximum ma longueur de corde. Une oreille grise striée de noir se redressa une seconde pour retomber aussi vite. J'évaluai la distance : trois mètres. Ma corde mesurait deux mètres, mais c'était sans compter les cinquante centimètres d'élastique que Pat avait ajoutés pour éviter de m'étrangler lors de mes séances de musculation.

Je prenais un malin plaisir à dévaler l'escalier à tout rompre, tirant sur ma corde comme un chiot, à partir du côté opposé de celui qui se trouvait à l'autre bout de la laisse, ou à ramper sur le sol, m'accrochant bec et griffes aux aspérités pour gagner du terrain, jusqu'à ce que le sandow me fasse reculer de toute la force de son élasticité en une pirouette arrière de deux mètres.

Ces exercices répétés avaient eu pour effet de doubler ma masse musculaire. Je m'étais fabriqué des cuissots à faire pâlir une dinde de Noël. Pat avait bien essayé au début de me revêtir d'un harnais pour brider mes instincts de chien de traîneau. Après une première lutte d'un quart d'heure, où il avait eu gain de cause, mais qui le fit haleter comme un chiot pendant cinq minutes, il ne m'obligea plus jamais à passer les chaussettes dans cet instrument de torture. Il avait donc adopté le collier traditionnel, comme tout le monde. Mais il avait dû faire breveter une « longe spéciale Surcouf », comme il l'avait baptisée : un cinquième de sandow pour quatre cinquièmes de chanvre.

Il me manquait toujours cinquante centimètres pour atteindre mon but. Je rampai tout de même, discrètement, tel le léopard dans la savane africaine, bien que l'herbe n'affichât guère plus de un centimètre de haut, stoppant à chaque pas, guettant le moindre souffle d'air de ma proie. Sa respiration restant régulière, je progressai encore et encore. Ma corde se tendit ; il me manquait quarante centimètres.

Il ne s'était pas réveillé, me tournant le dos, sûr de sa sécurité. Lui aussi était bon en calcul. Mais il avait négligé mon joker, un atout de taille : le « propulseur Surcouf ». Je reculai de cinq centimètres, me ramassai sur moi-même et, avant qu'il n'ait le temps de réagir, je bondis en avant. L'élastique s'étira, j'atteignis ma cible à la base de la queue et m'agriffai dans ses chairs, tel un noyé à sa bouée de sauvetage.

Nous reculâmes de deux mètres dans un bel ensemble, cul par-dessus tête, dans un concert de hurlements déchirants. Je le saucissonnai avec ma longe comme une vulgaire « charcutaille », nous emprisonnant flanc contre flanc par la même occasion.

Puis je me retrouvai sous lui, sa gueule au niveau de mon cou. Il me mordillait la carotide sans forcer, comme s'il se retenait de me faire mal. Moi, je ne l'aurais pas loupé. Je lui aurais sectionné une demi-oreille.

Immobilisés comme nous l'étions, nous ne vîmes pas arriver le deux-pattes. L'homme avait contemplé notre show de la fenêtre du premier étage. Il avait eu la présence d'esprit de descendre avec des ciseaux. Il trancha la corde verte en trois bouts égaux, et nous nous retrouvâmes libérés de nos liens. Monsieur disparut tête et queue par le soupirail de la cave. Je lui emboîtai les coussinets, mais Pat, en bon gardien de but, m'intercepta dans un placage au sol et me remonta à l'appartement manu militari.

— Tu ne sors plus jusqu'à nouvel ordre, décréta-t-il, une pointe d'agacement dans la voix. Et surtout jusqu'à ce que je fabrique une nouvelle laisse.

Kate boucla le collier en cuir brun autour de mon cou et tint fermement la corde flambant neuve, d'un beau rouge vif. Un élastique tressé vert et jaune complétait la panoplie. Elle ouvrit la portière de la voiture. Je me précipitai hors du véhicule et fonçai vers le premier arbre. Je fus stoppé net dans mon élan. Elle s'agenouilla près de moi.

— Surcouf ! Il faut que tu apprennes à obéir. On va se promener dans les bois, mais on y va doucement. OK ?

— Non, pas OK !

Toutes ces odeurs, tout cet espace, toutes ces bêtes tapies dans les fourrés... Je n'avais qu'une envie, ou plutôt plein d'envies : courir, grimper, renifler, chasser. Après trois tentatives pour semer la personne au bout de la laisse, je renonçai, calmai mes sens et adaptai mon pas sur celui de mon accompagnatrice. Elle relâcha la pression sur la corde, et j'en profitai pour explorer les bords du chemin. Un mètre à droite, un mètre à gauche, un mètre à droite, un mètre au centre, je reculais, j'avançais, ne sachant plus où donner de la truffe. Kate finit par se retrouver emberlificotée dans ma corde.

— T'es pas possible, toi ! Si j'avais su, j'aurais adopté un chien !

Elle me souleva de terre et m'embrassa avec fougue comme pour se faire pardonner cet impair.

— Ne sois pas fâché, je plaisantais ! Je ne t'échangerais pour rien au monde, mon bébé adoré !

Je n'étais pas fâché ; je voulais simplement que l'on me repose sur la sente. Heureusement, elle me comprit, et je me remis à fureter dans tous les coins. Un marcassin avait déposé sa forte odeur de musc sur une fougère, une horde de cervidés avait labouré les fourrés, un écureuil avait décortiqué une noisette, et un lapin avait creusé un terrier. C'est ce qui éveilla mon instinct de chasseur.

Je l'aidai à agrandir son abri. Mes chaussettes passèrent du gris souris au noir charbonneux, mais je ne réussis pas à déloger l'occupant. Mais soudain un mouvement à peine perceptible, près d'une touffe d'herbe, m'indiqua que j'avais débusqué le locataire, il s'était faufilé par une sortie de secours. Je ne pris pas le temps de réfléchir, je me ramassai sur mes pattes arrière et bondis en avant entre deux hêtres.

Une folle cavalcade s'ensuivit. Je ne quittai pas des yeux le pompon blanc à quelques mètres devant moi. Je zigzaguai comme ma proie entre les troncs d'arbres, ma laisse volait derrière moi, comme je le lui avais enseigné. J'accélérai encore la cadence et, d'un bond ajusté, sautai sur le lapin stoppé net dans sa course éperdue. Je desserrai mon étreinte, légèrement ; il fit mine de se sauver. C'était juste pour rigoler. Je l'immobilisai à nouveau. Je lui laissai plusieurs fois l'espoir d'échapper à une mort certaine, puis je lui sautai encore sur le râble et lui fracassai la nuque. Je le dépeçai consciencieusement, savourant les morceaux de choix en priorité, tels que le foie et une cuisse. Je l'abandonnai, à moitié dévoré, près d'une tranchée de la guerre 1914-1918, et cherchai des yeux ma compagne.

Elle n'était plus là. Je fouinai encore un quart d'heure pour débusquer d'autres habitants de la forêt. Témoins de mon dernier forfait, ils s'étaient tous planqués. Je revins vers la voiture. J'attendis une heure.

De temps à autre, j'entendais mon nom lancé à travers le couvert des arbres. Je ne daignai pas répondre. Kate surgit les larmes aux yeux à l'orée du bois. À couvert sous la voiture, je la regardai avancer sur le chemin. Quand elle ne fut plus qu'à quelques mètres, je m'extirpai de sous le pot d'échappement et j'allai à sa rencontre.

— Surcouf ! Mon bébé ! Ça fait deux heures que je te cherche partout. Tu t'étais perdu au moins ?

— Mais non pas du tout !

Et elle me mouilla les oreilles d'eau salée.

— Tu m'as fait une de ces peurs !

Puis elle m'enguirlanda malgré le plaisir évident de m'avoir retrouvé. Allez y comprendre quelque chose !

— Tu n'aurais pas dû te sauver comme ça. Tu aurais pu te perdre pour de bon. Ne recommence jamais ça !

Au retour, je vomis sur la banquette arrière. Katia me dorlota et s'excusa de m'avoir traumatisé avec son engueulade. Décidément, la chair à l'état sauvage ne convenait pas à mon estomac délicat.

Ma vie s'était réglée d'elle-même et se divisait en deux temps. La semaine, Kate et Pat disparaissaient une bonne partie de la journée. Je déjeunais léger, puis je sortais quinze minutes dans l'air frais du matin. L'homme venait pour me remonter et, après un baiser entre les deux oreilles, que je m'empressais de dissoudre avec ma salive et que je recouvrais avec mon parfum personnel, j'avais droit à une seconde gamelle. Puis je cherchais Pat pour jouer. Mais l'appartement était vide. Je hurlais à la mort trois fois sans obtenir de réponse.

Du coup, je jouais seul. Je continuais mes fouilles au grenier, je trouvais chaque jour une nouvelle bêtise ou un nouvel exploit à accomplir, puis je m'endormais sur le canapé du séjour, de préférence sur une revue en papier glacé ou mieux encore un journal rugueux, posé là exprès pour moi. Quelques minutes avant les douze coups de midi, mon horloge interne m'ordonnait de me lever. J'allais inspecter ma gamelle. Cela faisait quatre heures qu'elle était vide. Je la léchais quand même pour la vingtième fois, puis je regagnais mon poste d'observation sur l'appui de fenêtre côté rue.

À ce moment de la journée, il n'y avait pas grande animation sur la chaussée, ni dans les logements en face de chez moi. Une Renault s'engagea dans la rue.

Ce n'était pas la bonne. Je dus attendre encore une demi-heure avant d'ouïr le cliquetis caractéristique du véhicule de mes compagnons de vie. Je les accueillis dans l'entrée et administrai un coup de patte sur la cheville de Katia pour lui indiquer la direction à suivre, en l'occurrence celle de ma chambre-cuisine.

— Ah ! ta gamelle est vide !

— Wouin-in !

— Bon, juste une bouchée alors ! Tu sais bien que je te donne à manger quand nous retournons au travail.

Comme j'en avais pris l'habitude, j'ignorai ce ridicule en-cas et shootai dans ma boule argentée qui se positionna entre les deux espadrilles de l'homme. Il me la lança plusieurs fois. Je la renvoyai à tous les coups, mais mon tir n'était pas très précis, et Pat devait se contorsionner sous les meubles ou soulever le canapé pour la récupérer. Je m'étais allongé sur le tapis et attendais le prochain lancer franc.

— Eh ! dis donc, toi ! Tu joues couché maintenant, alors que moi je me fatigue à ramasser ton jouet ? Tu es un gros fainéant, dans ton genre !

Et il laissa la boule là où elle avait roulé, derrière une enceinte audio, et déplia ma revue-coussin.

— Dis donc, tu t'es vautré sur mon programme télé ? Il est tout froissé ! C'est celui de la semaine prochaine, en plus !

— Moi, la télé !...

Je pleurai devant la porte d'entrée. Katia boucla mon mousqueton et vint me rechercher dix minutes plus tard, auréolée d'une odeur de café. Je n'avais même pas eu le temps de marquer mon tas de bois. Je traînai les quatre pattes pour remonter. Il faisait frais et beau ; Monsieur, roulé en boule sous le troène, n'avait pas bronché. Kate me houspilla.

— Allez, dépêche-toi, le chat ! On est en retard !

Cette expression revenait régulièrement dans le vocabulaire de mes hôtes. Je l'ignorai et fis un arrêt sur la deuxième marche pour renifler la moquette et le jet d'urine laissé là par mon ennemi juré n° 1. Kate me porta jusqu'à l'appartement, me posa devant ma gamelle pleine, puis j'entendis le pêne jouer dans la serrure. J'étais de nouveau livré à moi-même. Je fis le tour du logement par la périphérie : la chambre, l'entrée, je frôlai la porte des toilettes toujours close, le séjour, ma chambre-cuisine, je léchai mon assiette vide au passage, la porte d'entrée à nouveau, puis ma chambre-annexe. Je passai la tête entre le dessus-de-lit et le matelas et, d'un mouvement souple, me glissai entre les draps et le jeté de lit. Après une toilette minutieuse, je m'endormis. Aplati et étalé comme j'étais, il fallait un œil expert pour déceler le léger bourrelet sous l'édredon. Mes hôtes, eux, ne s'y trompaient plus et me dénichaient à tous les coups.

Comme d'habitude, je n'entendis pas le verrou tourner sur son axe, et c'est Pat qui vint me réveiller.

— Ça y est, on est rentrés !

Je bâillai, j'étirai une patte puis l'autre, je rebâillai et me levai pour me diriger vers mon coin repas. Je restai dans la cuisine avec Kitty. J'avais remarqué que des molécules appétissantes flottaient dans l'air chaque fois qu'elle s'activait autour du gros cube plein de boutons et qui me tirait le portrait. Régulièrement, des expériences culinaires atterrissaient dans mon assiette. Parfois, j'avalais tout rond, parfois, je mettais en gueule et recrachais aussitôt, d'autres fois, j'ignorais la chose.

Quand les lumières s'allumaient dans la rue, je reprenais mon poste d'observation côté chaussée et lorgnais les occupants des maisons d'en face. Des ombres passaient et repassaient derrière les rideaux, des congénères se faufilaient entre les roues des voitures en stationnement. Monsieur en personne longeait le caniveau. Une heure plus tard, le son de la télévision en provenance de ma chambre-sieste m'arrivait aux oreilles. C'était le moment du plateau-repas. Je sautais sur le lit avec toute la souplesse d'un éléphant, renversant un verre d'eau ou la moitié d'un bol de soupe. Je posais deux pattes dans le plateau et me faisais inévitablement remettre à ma place, puis je me couchais à côté, la tête sur le fromage. Je jouais avec un bout de pain, le faisant rouler d'un bord à l'autre jusqu'à me faire réprimander sous prétexte que l'on ne joue pas avec la nourriture, puis, comme tous les soirs, je donnais un coup de patte à l'homme quand il voulait s'emparer de mon fromage.

— Tu en veux un bout ?

— Brouh-hou !

Je me redressais, attendant que Pat pose un bout de comté dans le creux de sa main, et je l'ingurgitais sans en apprécier la saveur obtenue après tant de mois d'affinage. Je passais la soirée sur les seins de Kitty, devant le petit écran, puis, dès que le générique de fin défilait, je fonçais à la fenêtre du séjour pour voir passer cette fois les chiens promenant leurs maîtres au bout d'une laisse télescopique qui s'allongeait à l'infini et qui me faisait pâlir d'envie à côté de ma ridicule petite corde de deux mètres cinquante.

Le week-end, l'ordre des choses voyait son déroulement un peu bousculé dès le matin. D'abord, je voyais la porte de ma chambre s'ouvrir avec trois heures de retard sur l'horaire habituel malgré mes protestations qui allaient crescendo. Les mets étaient plus abondants et plus fins.

Parfois, j'avais droit à une promenade en forêt, quand, suivant la formule de Pat, les cieux étaient au sec. Et puis je restais plus longtemps dehors en compagnie de Monsieur. Mais, cela, je m'en serais bien passé.

10

Drames

C'était une belle matinée de fin d'hiver, une journée à 23 °C si exceptionnelle dans les régions au-dessus de la Loire, qu'il fallait en profiter du matin au soir, sous peine d'en perdre le bénéfice. Dès le lendemain, vous pouvez être sûr que la grisaille et les 10 °C traditionnels seraient de retour. Monsieur se prélassait déjà, allongé de tout son long, les griffes en éventail. Mon compagnon avait cédé à mes imprécations, face à la porte d'entrée, et avait fini par m'attacher dehors. Ce matin-là, il vint me rechercher cinq fois à une demi-heure d'intervalle, mais je refusai catégoriquement de remonter. J'aurais peut-être mieux fait. La sixième, ce fut la jeune fille qui vint me trouver.

— Ça fait trois heures que tu es dehors. Tu ne veux toujours pas rentrer ?

— Brouh-hou !

— Bon, on va boire l'apéro chez les voisins. On revient dans une heure, alors, sois sage !

Elle me déposa un baiser bruyant, comme à son habitude, entre les deux oreilles. Je lui tournai le dos, mouillai ma patte droite avec ma petite langue rose et la passai sur le dessus de ma tête, exactement entre mes deux oreilles. En fait, je commençais à m'ennuyer.

J'avais exploré tout ce qu'il était possible d'atteindre dans mon rayon d'action. J'avais sollicité au maximum mon élastique pour venir renifler les roues du container en plastique qui se trouvait hors de mon périmètre.

Puis, je m'étais fait attaquer par un rosier grimpant contre un mur, je m'étais roulé dans la menthe poivrée, et mon pelage sentait maintenant la gomme à mâcher hollywoodienne. J'avais longé le mur de la cabane de bric et de broc, où l'odeur de Monsieur irritait mes muqueuses tous les cinquante centimètres.

J'avais exploré le moindre recoin de l'appentis. J'avais trouvé des pots vides qui avaient contenu du terreau, des bidons d'huiles et d'essences diverses, et deux VTT aux roues encore maculées de terre fleurant bon le compost, la forêt et la nature. Un grand sac d'écorces, que j'avais réussi à faire tomber, avait répandu une partie de son contenu sur la terre battue. Enfin, dans un coin sombre, j'avais déniché une magnifique araignée, une grosse aux pattes noires et au torse velu que j'avais engloutie comme une friandise au miel.

Après avoir lu les messages déposés sur le bas de la porte, je ressortis de la pénombre. Un crocus violet aux fines nervures blanches émergeait, solitaire, du sous-sol dégelé. Je posai une patte dessus, et il se cassa en deux. J'explorai à nouveau le tas de bois. Chaque rondin portait la marque olfactive de plusieurs congénères. J'apposai mon propre sceau, espérant couvrir celui des imposteurs, mais mon urine de chat castré avait perdu de son arôme, comme une fragrance éventée. La signature de Monsieur s'imposait toujours à mes narines. Impossible de l'estomper. Je grimpai d'un bond leste sur ma tour de guet et fis des yeux le tour de mon domaine. Il était certes modeste, mais il me convenait. En fait, il m'aurait parfaitement convenu si j'en avais été l'unique propriétaire. Le fait de le partager avec ce bandit de grand chemin me restait toujours en travers du gosier.

Trois heures que je faisais les cent pattes dehors. Je m'ennuyais ferme et c'est de là que la bêtise me vint à l'esprit. Je descendis de mon piédestal et dirigeai mes empreintes à nouveau vers la remise. Je passai sous la porte qui en fermait symboliquement l'accès, franchissable par en dessous par tous les animaux de taille modeste, et l'examinai de l'intérieur.

Elle était en palettes de récupération, toute vermoulue, en bois brut et tendre qui n'avait pas vu une lasure depuis une décennie et qui pelait comme un poisson à moitié écaillé. Je décidai de l'abîmer un peu plus et escaladai l'obstacle par la face intérieure. Il y avait un jour de trente centimètres aussi bien en haut qu'en bas. Je me juchai sur le rebord de cinq centimètres de large et des échardes se plantèrent dans mes coussinets. Le haut de l'huisserie n'avait jamais vu une ponceuse. En équilibre instable, les quatre pattes posées à la queue leu leu, j'avais une vue imprenable sur le trottoir d'en face.

Monsieur avait levé la tête et me fixait, me sembla-t-il, d'un air désapprobateur. Il n'était âgé que de quelques semaines de plus que moi, mais il avait cette sagesse innée que je n'acquerrais jamais. Il se redressa d'un bond quand le drame se produisit. Entraîné par le poids de mon derrière, je déchaussai des quatre socquettes et basculai dans le vide. Je me retrouvais maintenant pendu par ma corde, comme un vulgaire pantin manipulé par un marionnettiste invisible, me balançant au bout de mon gibet, à mi-chemin entre le haut de la porte et le plancher des vaches. Mon collier m'étranglait un peu plus à chaque mouvement que j'effectuais pour me rétablir. Monsieur s'était approché à pas de velours, comme pour me venir en aide. Il s'installa dans mon périmètre, au pied du chambranle, les yeux en l'air.

Moi, je gémissais, je griffais la porte ; essayant de remonter, luttant pour ma survie, je m'épuisais. Monsieur restait muet, le regard focalisé sur moi et mes efforts désespérés pour ne pas gâcher cette première vie. Il me fixait comme pour me transmettre son énergie. Soudain, j'abandonnai la lutte. Je me laissai pendouiller par le cou, amorphe, apathique, inerte.

J'entendis vaguement la porte du jardin s'ouvrir, plus tard, bien plus tard. Mon nom fut hurlé comme dans un rêve ouaté, je perçus à peine la fuite de Monsieur, puis le chanvre céda et j'entrai en contact avec les seins de Kate. Pat avait sectionné la laisse, et mon corps, presque sans vie, avait chu dans les bras de ma compagne.

Je pouvais mourir tranquille dans l'étreinte chaleureuse de ces compagnons de première vie. Il m'en restait huit, et je n'en espérais pas de meilleure.

Je fus remonté dans l'appartement, mon poil baignant dans les larmes de Katia. Je restai une éternité, prostré dans son giron, sans bouger une vibrisse, puis soudain je toussai pour dégager ma trachée et, petit à petit, ma deuxième vie se mit en route. J'étais toujours au même endroit, mes hôtes n'avaient pas vieilli, j'étais heureux dans ce cocon d'amour. Pendant deux jours, mes coussinets en sang ne me portèrent plus. J'avais semé trois griffes dans la lutte et je ne pus me réalimenter qu'au bout de vingt-quatre heures. Pat déclara d'un ton solennel :

— Il n'est plus question de te laisser seul dehors, sans surveillance, quand nous sommes absents !

L'avenir ne devait pas lui donner raison.

Une vague de chaleur débuta le printemps, accompagnée d'une attaque en règle de puces, ce qui me valut un ras-de-cou du plus mauvais goût et à l'odeur nauséabonde en guise de cadeau de bienvenue. Pour me consoler, une fenêtre du séjour me fut ouverte. Je m'y installais les après-midi, étendu de tout mon long, le plus près possible du rebord. Et c'est par une de ces journées ensoleillées et oisives que je vis Monsieur sòrtir par le soupirail de ma cave, au mitan de ma sieste digestive.

Une camionnette blanche stationnait en dessous de ma fenêtre. Sans prendre le temps de réfléchir, je sautai lourdement cinq mètres plus bas, sur le toit du véhicule. Mon amortissement, mal maîtrisé, me projeta en avant, et je me fracassai le menton sur la surface tôlée.

Mon esprit était ailleurs. Je descendis par le pare-brise et le capot moteur, et fonçai sur ma victime qui avait disparu depuis des lustres. Je ne pouvais plus remonter et, malgré la douleur de ma mâchoire brisée et de mon nez écorché, je furetai de droite et de gauche.

Ce manège dura tant et si bien que je perdis toute notion de temps, de distance et de lieu. J'étais bien loin de mon *home sweet home* quand la nuit vint à tomber. Je localisai bientôt un terrain abandonné, protégé par un grillage. Je passai la tête par un des trous. J'avais mal jugé le diamètre du passage et me retrouvai coincé dans le treillis. Je luttai un quart d'heure, puis l'orifice se déforma et s'élargit légèrement. Je passai une patte, mon collier s'accrocha dans les mailles serrées. Je réussis à enfiler l'autre patte entre mon ras-de-cou et le treillage, puis le fil de fer se brisa, et je fus libéré d'un seul coup.

Je ne dénichai point de nourriture, mais de toute façon ma mâchoire fracturée ne m'aurait pas permis de manger. Je m'installai sur un tas de foin laissé là exprès pour les chats en mal de repos et fus réveillé le lendemain par mon estomac qui criait famine. Enfin, c'est ce que je crus. En fait, une douleur aiguë me tiraillait les flancs. Le collier antipuces, noué sous ma patte droite, me comprimait tellement l'aisselle qu'il était entré dans les chairs et avait occasionné une plaie béante, suintante et sanguinolente.

Je restai tout le jour dans ma cachette et ne refis surface dans la rue qu'à la nuit tombante, comme tout animal traqué que j'avais le sentiment d'être. En dehors du cocon familial, tout s'avérait périlleux : les passants, les voitures, les chiens, les bruits, les relents.

Sous un porche, une gamelle de pain rassis au lait avait ses adeptes : deux chats pouilleux du quartier, des habitués, qui ne me laissèrent pas approcher. C'est seulement une fois qu'ils furent rassasiés et partis vers une autre adresse, connue d'eux seuls, que je pus avoir accès au saladier, aux trois quarts dévoré.

Je salivais. Je happai un bout de pain mou dans ma gueule, et une douleur fulgurante m'assaillit. Je cherchai l'ennemi des yeux... Personne ! Je m'attaquai à un deuxième morceau. L'ennemi était encore présent. On m'empêchait de me sustenter. Je me contentai de laper le lait en ouvrant la bouche le moins possible. Mon assaillant me laissa le champ libre.

Je me terrai deux semaines dans ce lieu. Au bout de quatre jours, je pus manger normalement sans souffrir le martyre. Je me nourrissais de cette substance molle et insipide. Tous les soirs, j'allais, comme les deux autres pique-assiette, au saladier de la rue Montoison.

Au bout de dix jours, le collier s'était tellement imprégné dans ma peau qu'il était devenu presque invisible. Une fièvre permanente et pernicieuse semblait s'être immiscée en moi. Je m'épuisais. Fallait-il que j'abandonne cette deuxième vie pour laisser place à la troisième ?

Plus tard, beaucoup plus tard, je me réveillai pour une troisième vie, revigoré. Je me souvins alors des compagnons de ma première existence et même de ma deuxième, puisque, curieusement, c'étaient les mêmes.

Je me souvenais d'un appartement et d'un jardin. Je rebroussai chemin et arrivai à mon domicile un quart d'heure plus tard.

Il faisait nuit, je grimpai sur mon tas de bois et hurlai à la mort, imitant les loups que j'avais vus dans un documentaire animalier à la télévision. Le premier étage s'éclaira et j'entendis les pas caractéristiques de Pat dévalant deux à deux les marches.

— Surcouf ! Où étais-tu passé, mon bébé ? Ça fait trois semaines qu'on te cherche partout !

Je remontai chez moi sans toucher terre, comme à chacune de mes pitreries. J'étais trop fourbu pour protester. Je croisai Monsieur, qui profita de la brèche pour s'éclipser entre les pattes de l'homme de mon logement. Je soupçonnai Kate de retirer précipitamment sa gamelle de mon coin repas. Il n'avait suffi que de vingt et un jours pour que mon ennemi juré squatte ma place. J'étais au comble de la colère. Je ne ronronnai plus, je ne me frottai plus, je tournai le dos à mes compagnons.

Mes malheurs ne devaient pas s'arrêter là. Katia me posa une gamelle sur mon set de table. Je léchai le sel saupoudré sur les croquettes, puis me désintéressai de cet aliment dur que ma mâchoire fêlée, encore douloureuse, ne me permettait pas de croquer. Puis Pat poussa un cri qui me fit sursauter. La vie sauvage m'avait rendu nerveux et méfiant, même vis-à-vis de mes anciens amis.

— Regarde son collier ! Surcouf a passé la patte dedans, et le collier est entré dans les chairs.

Tout en m'examinant, il poursuivit son inventaire :

— La peau s'est refermée dessus. C'est sûrement gangrené en dessous.

La fille fermait les yeux et se bouchait les oreilles.

— Oh ! arrête ! Je ne veux pas voir ça !

— OK, pardon ! Calme-toi, ma chérie, je suis sûr que ce n'est pas si grave ! affirma Pat sur un ton qui ne me sembla pas très convaincant. Et puis il est trop tard pour aller chez le véto. De toute façon, on n'en est plus à quelques heures près. J'irai demain très tôt.

L'homme en blouse blanche ne m'inspirait pas confiance. J'essayai de le mordre dès qu'il fit mine d'approcher la main. Pat me maintint plus fermement sur la table recouverte de plastique, qui renâclait l'odeur de cent ennemis potentiels, tous quatre-pattes confondus, et qui puait la maladie et le médicament. Je gémis quand il tira sur le collier de poitrail, qu'il avait sectionné d'un coup sec à l'aide d'une pince, me coupant quelques poils roux au passage. Du sang perla aussitôt de la plaie à vif. Je vis mon compagnon détourner ses yeux humides. Puis l'homme à la blouse blanche me badigeonna l'aisselle et le poitrail d'un produit piquant et volatil. Je me débattis, mais Pat tenait bon.

— Ce n'est pas trop profond. Dans un mois, plus rien ne paraîtra. Je vais lui faire une piqûre d'antibiotique.

Une douleur fulgurante mais brève attaqua mon arrière-train, puis l'homme vint m'affronter de face.

— Voyons cette mâchoire !

Il ouvrit ma gueule avec précaution, puis la referma plusieurs fois sans laisser un seul doigt traîner sur la trajectoire. Dommage, j'en aurais bien sectionné un.

— C'est juste fêlé et c'est en train de se ressouder. De toute façon, il n'y a rien à faire, il faut attendre que ça se remette tout seul. On ne peut quand même pas lui plâtrer la gueule.

Il partit d'un rire gras que ni Pat ni moi ne prisâmes.

— Je lui ai administré un antibiotique à large spectre et un anti-inflammatoire. Ça va atténuer la douleur progressivement et il pourra remanger normalement d'ici une heure, le temps que ça fasse effet.

Il me palpait les flancs pendant qu'il conversait. Peut-être allait-il faire une fausse manœuvre et allais-je pouvoir me venger ? Mais il n'en fit rien. Il semblait sûr de son affaire et restait concentré sur le moindre de ses gestes comme un professionnel. Je ne réussis jamais à le mordre.

— Par contre, donnez-lui de la nourriture molle, en petites quantités, et augmentez au fur et à mesure pendant trois jours pour arriver à une alimentation normale.

Je fis pipi sur le plastique parfumé à la myrosine.

— Il n'a pas dû manger à sa faim depuis trois semaines. Il faut que son estomac se réhabitue doucement.

Il essuya la mare jaune avec un essuie-tout, tandis que Pat m'enfermait à nouveau dans ma caisse de transport. L'homme ne fit aucun commentaire sur mon manque de savoir-vivre.

— Je vous prescris une boîte d'antibiotiques. Vous lui en donnerez un par jour pendant huit jours. Il ne faut pas arrêter le traitement avant la fin, même si ça va mieux. Je vous mets aussi une boîte d'anti-inflammatoires pour trois jours et une pommade cicatrisante à appliquer sur la plaie. Ça fera soixante-quinze euros.

Je fis pipi dans la caisse sur le chemin du retour.

Chaque soir, je subissais l'humiliation des comprimés et du passage à la pommade pestilentielle. Je me terrais sous les meubles, je m'enfuyais dans les différentes pièces, je disparaissais sous le lit, mais chaque fois mes compagnons avaient le dernier mot. Huit jours plus tard, ils me laissèrent enfin tranquille. Il fallut tout de même deux mois pour que mon pelage recouvre entièrement la hideuse balafre et que je retrouve ma beauté d'autrefois.

11

Vacances

Dès le matin, une chaleur étouffante s'abattit sur ma toison laineuse. J'aurais voulu faire comme mes hôtes et m'habiller d'une simple étoffe de soie, mais, à part les sphinx, toute la gent féline et moi avec étions condamnés à garder sur le dos notre manteau de fourrure, été comme hiver. Je laissais pendre le bout rose de ma langue, seule soupape de sécurité face à un trop-plein de chaleur. Je bavais un peu au lieu de suer, faculté dont la nature avait oublié de nous pourvoir.

Allongé sur le carrelage frais, je me retournai sur moi-même, déployé comme une carpette pour faire profiter au maximum la surface de ma peau de cette manne tiède. Dès que les dalles du sol avaient emmagasiné ma chaleur, je me déplaçais pour profiter à nouveau de ce semblant de fraîcheur.

De mon lit carrelé, j'observais les allers et retours de Katia et Pat. Les bras chargés de paquets et d'objets divers, ils descendaient l'escalier menant au rez-de-chaussée pour remonter les mains vides. Ils poursuivirent leur manège pendant une heure. Puis ils vinrent kidnapper ma litière. Je protestai mollement, pour la forme. Je détestais que l'on déplace les objets de ma vie courante. Puis Pat vint passer mon collier autour de mon cou. Il dut me soulever la tête d'une main pour glisser le ras-de-cou entre les carreaux de grès et mes poils de collerette.

— Allez, viens, Surcouf, nous partons en vacances.

Mais que me voulait-il ? Je me refusais à sortir par cette canicule. Il n'y avait que les humains pour mettre le nez dehors par ce temps-là et s'étaler en plein soleil, alors que l'ombre bienveillante est si bénéfique. Pat tira trois fois sur la corde, je glissai sur le carrelage, mais ne cédai point. D'habitude, on me demande mon avis ! Aujourd'hui, il n'était pas question que je sorte.

Et que je n'entende personne répliquer que pourtant les chats aiment la chaleur ! Pat me prit dans ses bras comme chaque fois que nos points de vue divergent sur la direction à suivre. Je fis le poids mort, essayant de m'agriffer à la surface lisse, mais sans résultat. Je devais pourtant avoir doublé mes kilos, mais Pat me souleva quand même dans les airs, sans effort apparent, et me descendit pour me déposer dans la voiture.

La banquette arrière avait laissé la place à un monceau de bagages. Ma litière était collée derrière le siège conducteur. Je montai sur le couvercle. J'avais en effet un nouveau lieu d'aisances avec capote intégrée, qui me servait pour mes besoins quand j'empruntais la voie intérieure, et de tour de guet quand je grimpais dessus. C'est cette dernière option que je choisis. J'étais juste à la hauteur du repose-tête et je grattai convulsivement le skaï beige. Kate se retourna, furieuse.

— Ne recommence jamais cela, sinon tu fais le trajet enfermé dans ton panier.

— Brou-hou ?

— Tu sais bien qu'on n'a pas la place pour sa caisse de transport, répliqua Pat comme pour prendre ma défense.

— Chut ! J'ai dit ça pour lui faire peur. Regarde, tu vois, ça marche : il ne fait plus ses griffes.

Je devais recommencer une quinzaine de fois tout au long du trajet – en fait, chaque fois que j'étais contrarié par un arrêt intempestif (je déteste quand la voiture stoppe à un feu), quand j'étais déstabilisé à cause d'un rond-point ou quand j'étais secoué par un rail de chemin de fer, posé sur la route par inadvertance.

J'étouffais. Mes compagnons de route ne laissaient échapper qu'un filet d'air par leurs vitres, refusant d'ouvrir grand de peur que je saute, comme si j'avais des idées suicidaires et que j'allais me jeter d'un véhicule en marche ! Je m'ennuyais. Les paysages s'estompaient trop vite pour moi, et regarder le bas-côté défiler à toute allure me donnait la nausée.

J'explorai l'habitacle ; je passai en revue chaque sac. Une mallette rigide et ronde lançait des effluves de dentifrice mentholé, de vétiver et de jasmin. Sa surface rugueuse et molletonnée ne résista pas à mes griffes. Un sac baluchon sentait l'eau de Javel et la lessive. Une boîte métallique indéformable ne se laissa pas percer. Mais, pendant le séjour, je vis Kate réussir à l'ouvrir et en sortir un drôle d'engin surmonté d'un œil réfléchissant. Elle me poursuivit partout avec.

Il émettait un claquement sec quand elle appuyait sur le bouton chromé et m'éblouissait au crépuscule. Je me glissai sous une peau de laine à carreaux rouges et verts, une sorte de tartan écossais, sans les armoiries, et fouinai dans les boîtes de conserve et un sac de litière. J'écrasai un paquet de chips dans un bruit de verre pilé et fus rappelé à l'ordre par Pat.

— Surcouf ! Tu arrêtes un peu ton cirque ? Ça fait vingt minutes qu'on est partis et tu ne t'es toujours pas posé quelque part ! Chérie, remets le plaid sur les sacs et montre-lui où il doit se coucher.

C'est ce qu'elle fit.

— Allez, viens, mon bébé, allonge-toi là !

Et elle tapota l'endroit en question du plat de la main. Je la regardai faire à distance, le cul posé sur ma litière, me dandinant d'une fesse sur l'autre pour garder mon équilibre contrarié par les irrégularités de l'asphalte, puis je me désintéressai de la chose. Je passai le museau entre le montant de la portière, la ceinture de sécurité et l'appuie-tête du chauffeur, et léchai le cou de Pat. Il sursauta.

— Katia ! Fais quelque chose, il me chatouille !

Elle me prit dans ses bras, se contorsionnant comme elle pouvait dans l'étroit espace, et me déposa sur ses genoux.

— Bon, tu te fais tout petit. Ce n'est pas autorisé d'avoir un enfant à l'avant, et en plus sur les genoux. Si on rencontre un képi, on risque une amende, OK ?

Je sautai à ses pieds et me confondis avec le tapis de sol.

— Bon, là, c'est parfait. Tu ne bouges plus maintenant !

Mais dès que je la vis se concentrer sur la carte routière, je passai de l'autre côté du levier de vitesse et zigzaguai entre les drôles de champignons en métal brossé, admirant le jeu de pieds de Pat.

— Kate, retire le chat, ça devient dangereux cette fois !

Mais, avant qu'elle ait pu faire un geste, j'étais grimpé sur le giron du contestataire et assurais ma prise dans ses chairs car tenir debout dans un véhicule en marche, sur des jambes en mouvement, exige une maîtrise d'équilibriste. Pat bougonna. Kate me souleva d'autorité.

Je plantai mes griffes plus profondément dans la toile bleue. Pat jura. Je lâchai prise et me roulai en boule sur les cuisses de la jeune femme. Ballotté, secoué, malmené, hoché, je finis par m'endormir du sommeil du juste. Je n'eus pas le temps d'entamer le moindre rêve que la voiture s'immobilisait. Je me réveillai d'instinct, suite au changement de rythme et de bruit.

— Allez, pause déjeuner. Tout le monde descend !

Je bâillai, puis m'étirai, puis bâillai.

— C'est dommage, il venait juste de s'assoupir !

Je n'ingérai qu'une bouchée. Le voyage ne m'avait pas ouvert l'appétit, au contraire. Je refusai de boire et m'abstins de faire mes besoins dans un endroit inconnu. Pat me balada un peu sur le chemin forestier, mais les sons, les odeurs, l'environnement me semblaient hostiles. Je rampai ventre à terre, aux aguets, prêt à fondre sur le premier ennemi qui se présenterait ou peut-être à prendre la fuite. Pat dut me porter pour revenir au véhicule.

Je n'osais plus ni avancer ni reculer. Je passai à l'arrière, mes boyaux se tordirent dès les premiers tours de roue, et je déposai une matière fécale liquide et fétide dans ma litière.

— C'est pas vrai ! Tu ne pouvais pas faire tes besoins quand on était dehors ? Ça empeste comme ce n'est pas permis !

Mes hôtes ouvrirent grand les vitres. J'investis les genoux de Katia. L'air frais soulevait d'un souffle bienveillant mon poil échauffé, et je m'endormis au ronronnement du diesel. Enfin, nous étions de retour de notre promenade !

Dans mon demi-sommeil, sur les jambes de ma compagne, je sentis la voiture freiner, puis s'immobiliser. Je tendis une patte après l'autre, bâillai bruyamment comme un chien mal élevé et envisageai d'ouvrir mes paires de paupières. L'odeur de résine de pin ne m'était absolument pas familière.

Je me redressai et observai un cottage au milieu d'une forêt sablonneuse. Mais où étions-nous donc ? Comment Pat avait-il fait pour se perdre avec tous les moyens modernes à sa disposition ? Cartes routières, ordinateur de bord, GPS, téléphone portable, radio satellite, balise Argos… J'en passe et des meilleures.

L'homme ouvrit sa portière et descendit de voiture dans cet endroit inconnu, comme si de rien n'était, pour se diriger vers la petite maison.

Curieusement, il en possédait la clé. Kate essaya de me guider vers le logement qui devait devenir le nôtre pour quinze jours, mais je m'y opposai de toute la force de mes muscles. Il n'était pas question que je pénètre dans une demeure qui renâclait des milliers de fragrances d'individus à deux et quatre pattes. Mon poil se hérissa mais, comme chaque fois que je refusais d'obtempérer, la jeune femme me porta dans ses bras, bravant la peur que devait lui valoir cette bête, moi qui avais doublé de volume et qui, si elle avait été de l'espèce canine, aurais montré les crocs. Je fus déposé manu militari sur un lit, puis enfermé à double tour.

Que m'arrivait-il ? Pourquoi se montrait-on si méchant avec moi ? Je n'avais pas fait plus de pitreries que d'habitude ! Si j'avais été une petite fille, j'aurais fondu en larmes dans les bras de mon nounours. Mais, étant de la noble race des félins, je me contentai de me mettre en observation à la baie vitrée mise à ma disposition.

L'homme et la femme vidèrent entièrement le coffre de la voiture. Des sacs de sport précédaient une litière de chat et suivaient un bac en plastique. Le manège des va-et-vient dura une demi-heure, puis Pat repartit au volant de la voiture. Il m'abandonnait. J'entendis la porte d'entrée se fermer, et Kate me libéra.

— Voilà ton nouveau domaine, Surcouf ! Vas-y. Tu peux explorer, maintenant. Moi, je vais déballer ce dont nous avons besoin pour ce soir. On rangera le reste demain. OK ?

— Non, pas OK !

Je voulais rentrer chez moi, sur mon territoire, même faire la sieste avec Monsieur s'il le fallait, mais surtout ne pas rester là, dans cet univers hostile, puant les rivaux, sans aucun repère. Je ne mangeai pas ce soir-là car mon estomac s'y refusait. Je ne dormis pas non plus, trop occupé que j'étais à surveiller les alentours grâce aux dix baies vitrées que comportait ce cottage de Sologne.

Ce n'est que le lendemain midi que mon estomac manifesta son désaccord contre cette grève de la faim et ce jeûne forcé, et ce n'est qu'en fin de journée que mes paupières se mirent à papillonner malgré moi et s'autorisèrent à se fermer. Je plongeai dans un sommeil agité, à même la moquette rugueuse, planqué sous l'angle de la banquette du séjour. Je vis bien Pat ramper à même le sol pour me localiser. Je ne me manifestai pas et décidai de bouder.

— Laisse-le. Ça ira mieux demain quand il aura retrouvé ses marques !

Même eux ne me comprenaient plus. Comment retrouver des marques qui n'avaient jamais existé ? Après tout, je n'avais jamais mis les pattes en ce lieu étranger.

J'entamai ma deuxième journée de vacances avec plus d'enthousiasme que je ne l'espérais. J'avalai tout rond ma pâtée de luxe en boîte carrée surmontée d'un chat noir, que Kate avait ouvert exceptionnellement pour se faire pardonner des petits tracas qu'ils m'avaient occasionnés. Je demandai à sortir.

— Kate, je vais promener Surcouf. Il veut bien sortir maintenant !

Mon premier arrêt fut pour le pas-de-porte. Des messages olfactifs se télescopaient par centaines ; je ne savais plus où donner du museau. Mes oreilles captaient les bruits environnants comme autant d'ondes radio se mêlant en un brouhaha indéchiffrable et mes yeux se noyaient dans tout ce qu'il y avait à découvrir.

Ma première sortie, si riche en informations, ne me permit pas de m'éloigner de plus de cinquante mètres. À chaque promenade, j'allongeais l'investigation du périmètre. Au bout de quinze jours, j'avais conquis un territoire de vingt-cinq cottages.

Dans ce parc boisé de conifères, les bungalows n'étaient pas les seules curiosités. Il y avait des petits étangs peuplés de souchets et de colverts, que mon chaperon ne me permit pas de chasser. J'en débusquai quand même un dans une touffe de roseaux et lui confisquai une plume beige et grise. Après la chasse, je m'adonnai à la varappe le long des troncs rugueux, provoquant des envolées de sittelles et de pinsons des arbres. Puis c'était la visite des prisons canines, des enclos grillagés, fermés par une porte de saloon, où les chiens idiots se laissaient séquestrer sans protester. Ces lieux d'aisances empestaient les déjections des *Canis lupus*.

Pat ne manquait jamais de ramasser une pomme de pin et de la jeter au loin. La première fois, j'y allai, puis je me rappelai que j'étais de la race supérieure des félins et, malgré mon envie, j'ignorai par la suite cet appel au jeu.

Au bout de quatre jours, j'avais adopté mon nouveau domaine et m'y sentais, ma foi, assez à l'aise. Ces vacances, que je croyais définitives, m'apportèrent aussi leur lot d'émotions.

La première se métamorphosa un matin par un cri d'effroi à la porte de mon cottage. L'oiseau, tout juste sorti d'un ouvrage sur les animaux préhistoriques, essayait d'attirer l'attention, me fixant de ses yeux bleu-vert, qui se multipliaient sur sa queue en panache. Il toqua au carreau. Malgré sa stature imposante, cinq fois mon poids, je m'explosai la face sur la surface translucide. Il recula et poussa à nouveau son chant guttural à vous glacer le sang. Katia se leva en trombe.

— Mais qu'est-ce qui se passe ?

Elle découvrit comme moi le dinosaure de l'autre côté de la porte-fenêtre.

— Oh ! Viens voir, Pat ! Un paon qui fait la roue !

Kate lui lança des morceaux de pain, et le paon vint dès lors nous rendre visite tous les matins. Cet oiseau de mauvais augure était de toute façon trop gros pour moi. Je décidai par conséquent de le tolérer. Deux soirs plus tard, d'autres visiteurs vinrent réclamer leur pitance, et là, je n'étais plus du tout d'accord, même si ce n'étaient que des croûtons de pain rassis, que personnellement je n'accepterais pas comme nourriture, ou alors trempés dans du lait et uniquement en période de grande disette. Ce genre de substituts de repas, très peu pour moi. Donc, ces visiteurs du soir n'avaient pas été gâtés, eux non plus, par dame Nature. Imaginez des oiseaux noirs, dépourvus d'ailes, au goitre proéminent et rouge, à la tête granuleuse rose bonbon, aux yeux globuleux et aux pattes de chair de poule.

Vous allez m'accuser d'avoir sorti ces monstres de mon imagination débridée, eh bien, non ! Ils existent bel et bien, et Pat leur a même donné un nom scientifique : « dindon ». Ce jour-là, j'ai remercié maman de m'avoir offert ce corps harmonieux, bien proportionné, aux reflets or et cuivre, que toute l'arche de Noé m'envie encore. Kate leur lança des bouts de pain rassis.

Décidément, il n'y a que moi pour refuser pareille mangeaille. Puis Pat se mit à siffler et, comme par magie, ils se mirent tous les quatre à cancaner comme de vieilles dindes (qu'ils étaient d'ailleurs) et à se trémousser le popotin. J'étais abasourdi. J'en oubliai même de faire mon devoir de maître des lieux et de les chasser. J'étais tombé dans un parc jurassique.

J'avais de nouveau instauré une certaine routine dans cette nouvelle vie. Le matin, visite de « paon belle queue », puis promenade matinale ; petit déjeuner et départ de mes hôtes. Resté seul, je me transformais en observateur attentif des quatre points cardinaux car j'avais même été assez persuasif pour me faire ouvrir une chambre inoccupée qui donnait au nord. Le midi, mes compagnons déjeunaient avec moi. L'après-midi entière était consacrée à une sieste réparatrice. En fin de journée, une deuxième promenade s'effectuait à l'opposé de celle, matutinale, vers le lac aux canards, qu'ils rejoignaient au déclin du jour. Puis chasse à l'affût, dont je revenais systématiquement bredouille à cause de Pat. Au crépuscule, visite des grosses poules noires ; dîner en famille ; télévision sur des genoux masculins, mais ils étaient cagneux, moins confortables que les féminins et tremblants, toujours à s'agiter ; léger souper pour moi seul, puis je m'octroyais une courte nuit dans les draps de mes amis qui n'avaient pas, cette fois, réussi à me faire admettre que dormir sur le canapé était une bien meilleure idée.

Je me levais à cinq heures trente du matin, m'ingéniais à faire lever mes compagnons, me faisais systématiquement rabrouer et rejoignais mon poste d'observation du côté de la baie vitrée sud, où le paon, invariablement, se pointait une demi-heure plus tard. À nous deux, avec le bruit que nous faisions, moi grattant la vitre et geignant, lui toquant au carreau et poussant son cri d'écorché vif, nous réussissions quand même à faire lever la minorité féminine et à nous faire servir le petit déjeuner avant l'heure prévue par le contrat « vacances-farniente ».

Mais, un beau matin, toute cette routine, que j'avais mis tant de temps à roder fut de nouveau bousculée. J'avais bien perçu une certaine agitation la veille au soir, mais les humains sont ainsi faits qu'ils s'agitent souvent pour rien. J'avais donc ignoré les armoires vidées, les sacs empilés dans l'entrée et le passage de l'aspirateur entre mes coussinets. Katia me promena de bonne heure et écourta mon parcours habituel. Je protestai. Je fus enfermé avec mes amis dans le véhicule qui nous avait amenés là, et nous reprîmes la route.

Monsieur était allongé sur le paillasson de notre porte d'entrée. Il dévala les marches quatre à quatre, quand il vit une énorme valise rouge pompier foncer sur lui, tenue à bout de bras par un Pat ahanant.

Je tournai en rond une heure dans mon ancien appartement, que j'avais quitté depuis des siècles (enfin, il me semblait, car, en fait, c'était seulement depuis quinze jours). Mon odeur se résumait à une vague fragrance musquée. Je dus passer une couche de parfum neuf sur tous les meubles, les bas de porte, les angles des murs, le canapé, les coussins, le couvre-lit et le réfrigérateur. Je n'avais pas envisagé de regagner le même lieu d'habitation, même si cela me satisfaisait. Est-ce que mes compagnons de vie s'étaient seulement rendu compte qu'ils étaient revenus au point de départ ? Je ne pense pas ! N'est-ce pas étrange de s'installer ailleurs, si c'est pour réintégrer le même endroit quelques jours plus tard ? Autant y demeurer. À quoi cela rime-t-il ? À quoi pensent donc les humains ? Je mis moins de temps que prévu pour retrouver mes marques, et ma vie reprit son cours là où elle s'était arrêtée.

12
Le grenier

Klonck, bing, chlak, zigg ! De drôles d'onomatopées en provenance du grenier dérangèrent ma sieste. Que se passait-il sur mon chantier de fouilles ? Je ne pris pas le temps de m'étirer ni de bâiller. Je descendis à bas de mon canapé à toute vitesse, au risque d'un claquage, et montai quatre à quatre les marches menant à l'étage supérieur.

Un nuage de poussière accueillit mon entrée. Ma concession de fouilles était sens dessus dessous. Le sol, jonché de gravats, d'outils et de seaux, était méconnaissable. L'homme me tournait le dos, accroupi sous le rampant sud.

Je voyais ses muscles d'épaule rouler sous son tee-shirt. Il soufflait sous l'effort ; la palicinésie s'était emparée de lui. Il déclouait les lattes en un geste répétitif, arrachant le plancher grossier lame à lame. Une dragline n'aurait pas été plus efficace. Je m'approchai, méfiant. Pat sursauta quand ma queue vint lui caresser le cou.

— Oh ! c'est toi ? Tu m'as fait peur.

— Brouh-hou !

— Comme tu vois, je me suis enfin décidé à attaquer les travaux dans les combles.

Il s'arc-bouta pour extirper un clou de charpentier récalcitrant.

— C'est pas possible, les clous qu'ils utilisaient à l'époque. Regarde-moi celui-là ! Ça ne risquait pas de s'envoler !

Il essuya son front ruisselant de sueur du revers de la main. Une peinture de guerre grise et noire ourla son visage.

— Bouh ! Quelle chaleur ! Je vais me chercher une cannette. Tu en veux une ?

— Brouh !

— Je plaisantais !

L'ouverture, pratiquée dans le sol, s'étendait d'un mur à l'autre sur un mètre de large. Je posai une patte blanche dans la saignée. Elle s'enfonça dans une matière blanchâtre, épaisse de trois centimètres. Je la ressortis précipitamment pour constater que ma chaussette blanche avait viré au gris souris.

Un faucheux entama la remontée de la tranchée. Mon instinct de chasseur me dicta la conduite à suivre. Je plongeai sur ma proie. La poussière pulvérulente, comme de la farine complète, se transforma en un brouillard opaque me dissimulant aux yeux de mon compagnon qui remontait de l'étage du dessous.

— Surcouf ! Qu'est-ce que tu fais ?

J'avalai les pattes frémissantes de l'araignée. Le nuage se dissipa, mais s'éleva de nouveau dès que je sortis de la fosse.

— Surcouf, tu es tout poussiéreux, maintenant ! Il ne faut pas traîner là-dedans. C'est tout sale. Ça fait cinquante ans que le ménage n'a pas été fait, tu imagines ?

— Wouin-in !

— Kate, apporte-moi la brosse du chat ! Il s'est roulé dans la saleté ! cria-t-il à l'intention de l'étage du dessous.

La jeune femme s'acquitta de la tâche. J'aimais les séances de toilettage. Je ronronnais quand la brosse me lissait l'échine et le cou, mélangeant des touffes blanches et rousses en un camaïeu harmonieux. Mais je m'esquivais dès que la soie frôlait mes socquettes ou ma queue. Mon pelage s'était électrisé au contact des poils soyeux, et j'avais presque doublé de volume après le lustrage. Je ressemblais à une tête de loup à face de félin.

Dès que la jeune fille eut tourné les talons, je rejoignis l'homme accroupi sous le rampant. La saignée dans le sol s'était élargie de cinquante centimètres. Je plongeai de nouveau dans la poudre grise, me saupoudrant comme un biscuit rose et maculant le visage de Pat par la même occasion. L'homme me morigéna.

Un concert d'insultes, que je ne peux décemment pas répéter ici, accueillit cette nouvelle bêtise. Je m'éclipsai dans un coin sombre et observai de loin mon compagnon qui s'acharnait à défigurer mon terrain de jeux, mon chantier de fouilles, mon univers typiquement félin, qu'il voulait rendre à usage humain.

Le mois de juillet fut entièrement consacré à l'arrachage, le dépoussiérage, le raclage, le rebouchage, le débardage, le clouage et la mise en place d'un sol flambant neuf. Je venais aux nouvelles régulièrement. J'avais bien profité de temps à autre de ce monumental chantier. Pat avait dérangé une cohorte d'arachnides installée là depuis la huitième génération, que je gobais au fur et à mesure de leur cavale. Des lépidoptères, importunés dans leur sommeil, s'envolaient devant mes vibrisses, et j'eus même l'occasion de jouer avec un muridé mort depuis plusieurs mois.

Mais le résultat final était une catastrophe pour le seul représentant de la gent féline à monter à l'étage : moi ! Mon chantier de fouilles, auquel je consacrais une heure par jour, se trouvait modifié, inaccessible, insondable, rebouché. Les lattes de parquet, impeccablement jointives, ne laissaient plus voir aucun jour. Impossible de passer une patte ou même une griffe pour y extraire les objets les plus incongrus. J'étais déçu.

Je me vengeai en désespoir de cause sur la charpente. Pendant que l'homme sassait, touillait, étalait, lissait son plâtre sur les murs, je grimpais, sautais, griffais, m'équilibrais sur les poutres en chêne. J'oubliai vite mon ancienne activité et me grisai de ces exercices funambulesques. Un matin, des hommes en bleu vinrent faire trois trous dans la toiture ; je me faufilai par l'ouverture pratiquée et passai mes matinées sur le faîte du toit.

L'horizon s'en trouvait complètement modifié en comparaison du plancher des vaches. Pat avait bien essayé de me faire redescendre, de peur que je ne me casse une patte, mais le jeu « chat perché » n'a pas été appelé comme ça par hasard.

Quel bonheur de vivre la tête dans les étoiles ! Pat fulminait de me savoir sans surveillance, en équilibre instable sur une pente à quarante pour cent, mais je ne cédai pas à ses imprécations et restai sur le faîtage à observer l'environnement. Je remarquai des squelettes métalliques qui se balançaient au gré du vent, encerclant de leurs bras de fer des cheminées de briques rouges. Ils étaient figés, comme pétrifiés dans une peur vertigineuse. Certains avaient un compagnon d'infortune à grosse tête blanche, en forme de poêle à frire.

Un pigeon m'ébouriffa les poils du crâne. Advenu par l'arrière, surpris, je n'eus pas le temps d'esquiver le moindre coup de patte. C'est sûr, le prochain, je le choperais en plein vol ! Ma vue plongeante me permit de visiter les appartements voisins. Les fenêtres béantes, par ces chaudes journées d'été, laissaient entrevoir l'intimité des pièces et de leurs occupants.

Un enfant studieux, penché sur son bureau, se concentrait sur un livre de cours quand soudain la porte s'entrebâilla. Je le vis glisser son bouquin aux carreaux multicolores sur ses genoux et se pencher davantage sur son sous-main. Je compris que la première lecture n'était pas autorisée. La mère ne remarqua pas la bande dessinée sur les jambes de son rejeton et s'en retourna, rassurée, à ses occupations. Une autre femme s'affairait dans sa cuisine, remuant des casseroles, tournant des cuillères, lavant la vaisselle. Deux fenêtres plus haut, un homme enfoncé dans un fauteuil en cuir bordeaux, les charentaises sur une table basse, cachait son visage derrière un grand journal imprimé en noir et blanc.

Une camionnette au pot d'échappement troué passa bruyamment dans la rue. Trop haut perché pour l'apercevoir, je me contentai de la suivre à l'oreille. Une femme secoua un édredon par la fenêtre, et une neige de flocons blancs plana jusqu'au sol.

Un ange me survola en craillant un bavardage incompréhensif ; les ailes de Dieu et de diable virèrent sur l'angle avant que je ne puisse faire un geste. Le prochain paierait pour les autres. Une tourterelle roucoulante, rouille et blanche, se posa à cinq tuiles de la mienne. Je me figeai, respiration bloquée, queue immobile, yeux fixes, en parfaite représentation de la déesse Bastet. J'avançai une patte, puis l'autre, puis l'autre, comme dans un film au ralenti.

La colombe picorait des graines, que d'autres oiseaux de mauvais augure avaient laissées choir en survolant mon toit. Elle me tournait le dos, tout à son activité de poule de ferme.

D'un bond leste, je m'emparai de ce cadeau plumé tombé du ciel. Je le maintins dans ma gueule sans l'écraser. J'avais une idée bien précise de ce que j'allais en faire.

Je me dirigeai d'un pas assuré vers le trou béant dans la toiture et me glissai entre les tuiles et la panne principale. Je descendis jusqu'à terre par mon itinéraire préféré, le plus accessible. J'empruntai les chevrons et les lattis, l'arbalétrier, le faux entrait, les enrayures, la panne sablière, le vrai entrait, un escabeau, que je dévalai en marche avant, puis le plancher tout neuf.

Je me faufilai discrètement jusqu'au mur nord, là où les tuiles rejoignaient le sol brut et où mon compagnon n'avait pas changé le revêtement pour cause de pose ultérieure d'un carrelage étanche.

Pat m'avait expliqué que, là où je me trouvais, ce serait le labo photo et, là où le trou dans la charpente béait, il y aurait un bureau-chambre-débarras-buanderie. Un peu de terre battue s'étalait sur le sol, dans le coin le plus sombre, si bas que mes hôtes devaient se mettre à plat ventre pour l'atteindre.

Je creusai un peu de mes pattes avant et déposai ma victime dans ce nid improvisé. La tourterelle, raidie par la peur, se laissa manipuler sans protester. Je savais d'instinct qu'elle n'oserait plus bouger. Je retournai sur mon faîtage par un itinéraire bis, beaucoup plus acrobatique, et repris l'observation du monde qui m'entourait.

Une chatte blanche aux oreilles de nacre rose se posta sur l'arête du mur d'enceinte et ne me quitta plus du regard. Je m'accroupis dans la même position, et nous restâmes ainsi une heure durant, mélangeant nos âmes et nos pensées jusqu'à la nuit tombée. Pat commençait à donner des signes d'inquiétude. Il m'avait hélé des dizaines de fois sans obtenir de réponse. Au trente-deuxième appel, je refluai vers la porte des étoiles.

— Ah ! quand même, te voilà enfin ! Ça fait deux heures que je t'appelle. J'ai crié ton nom au moins cinquante fois !

— Trente-deux ! Brouh-hou !

— Tu as entendu, Pat ?

— Non, quoi ?

— Chut ! Écoute ?

— Je n'entends rien !

— Si, écoute ! Un grattement dans les combles !

— Oh ! ça doit être Surcouf !

Je les observais, juché sur un coin de la table de cuisine.

— Oui, sûrement !

Et la fille se retourna. Son regard changea d'expression quand elle me vit.

— Pat ! Surcouf est dans la cuisine. C'est autre chose !

— Des souris peut-être ?

— Oh mon Dieu !

— Ou un mulot ! Mais ça m'étonnerait. Avec tout le remue-ménage qu'on fait en ce moment en haut, tout le monde a dû déménager, hi, hi, hi !

— Va voir, je t'en prie !

Dès que Pat ouvrit la porte menant à l'étage du dessus, je lui filai entre les jambes et arrivai bon premier au grenier. Je me postai non loin de mon nid improvisé. L'homme jeta un vague coup d'œil dans l'espace et redescendit.

— Je n'ai rien vu !

— Tu n'as pas bien regardé !

— Mais si ! Il n'y a rien du tout !

D'un coup, il se figea. Le grattement avait repris. Il remonta les marches deux à deux, la fille sur les talons, scruta la charpente, puis les murs. Dès que l'un menait ses pas vers ma cache secrète, je le suivais de près ; dès qu'il s'éloignait, je restais à distance respectable.

C'est Kate, plus petite, qui s'approcha le plus près de ma victime. Comme je commis l'erreur de feuler à son encontre, elle se mit à ramper sous les combles et finit par localiser ma prise.

— Pat, viens voir ! J'ai trouvé ! C'est pas croyable : Surcouf a caché un oiseau dans le grenier.

Elle laissa la place à son compagnon, et je le vis ressortir, une touffe de plumes blanches et cuivrées dans les mains.

— Pffuuh !

Sans me concerter, il examina mon trophée à la lumière d'un toit ciel.

— C'est une tourterelle ! Son cœur bat à tout rompre.

Il déplia les ailes et palpa ses pattes pendant que je feulais tout ce que je pouvais.

— Brbrbr !

— Le chat, tu arrêtes ! Je veux bien, l'instinct de chasse, et tout et tout, mais je ne veux pas de ça ici. Tu es nourri plus que nécessaire ; alors, tu n'as pas besoin de chasser.

— Ne l'engueule pas, quand même. Il ne comprend pas. C'est dans sa nature de félin de débusquer des proies. Il n'y peut rien, tu sais, et puis il ne l'a pas blessé. Hein, mon Surcouf ?

— Pffuuh !

— Bon, tu te calmes maintenant ! Garde un œil sur lui pendant que je vais déposer l'oiseau dans le jardin.

Je lui emboîtai le pas, bien décidé à récupérer mon bien. Katia me retint, mais je lui échappai, me précipitai à la fenêtre de l'escalier et vis l'homme déposer le frêle petit corps sur la pelouse, à l'ombre du mur d'enceinte. J'exigeai de sortir ; ils cédèrent finalement au bout d'une heure d'imprécations.

Monsieur se matérialisa, comme il en avait l'habitude, au centre du soupirail de la cave. Sans déborder de son territoire, il arpenta trois fois son domaine. C'est alors qu'il localisa le pigeon dans les hautes herbes jamais tondues, car elles étaient trop près du mur. Il donna un premier coup de patte, puis un deuxième. La tourterelle morte d'un arrêt du cœur refusa de réagir. Son petit corps fragile émit un craquement sec quand il se broya sous les crocs du voleur de butin.

Les fenêtres de toit étaient scellées et closes ; je ne pouvais plus accéder à ma tour de guet. Des cloisons, dressées en travers de mon chemin, m'empêchaient de courir d'un bout à l'autre de mon terrain de jeux. Ma concession de fouilles était comblée.

La charpente, isolée et dissimulée sous des plaques de plâtre, me privait d'accrobranches. Mon univers félin était définitivement défiguré, transformé, humanisé. J'abandonnai l'étage supérieur pour passer de plus en plus de temps au rez-de-jardin, dans mon univers de verdure, à peu près préservé de la main de l'homme.

13

Séances photo

Un parapluie blanc était déployé dans le séjour, comme si la pluie allait se manifester d'un moment à l'autre. La voûte extérieure était pourtant bleue, et je n'avais pas encore vu de gouttes tomber à l'intérieur. Kate le suspendit à un bras télescopique, et il se transforma en ombrelle, plus en phase avec la réalité du temps. Elle déplia un squelette en aluminium noir et vissa un œil réfléchissant sur sa tête.

Je reniflai prudemment cette grosse mouche noire à trois pattes. Elle était morte depuis longtemps. Ensuite, la jeune femme fixa un dais de velours noir sur le mur et installa un tabouret en velours grenat.

Une tige blanche pendait de la boîte chromée, en équilibre sur la tête de l'insecte. Je donnai un coup de patte sur le cordon souple, et il se balança de gauche à droite comme un métronome. Je répétai plus fort mon geste. Il lit un tour complet. Je donnai une troisième impulsion avant de me prendre une remontée de chaussette.

— Ne touche pas à ça ! C'est du matériel haut de gamme. Ne va pas l'esquinter !

Kate se courba et colla son visage à celui de la bête. Je craignis un moment qu'elle ne se fasse mordre, mais, encore une fois, le diptère resta de marbre.

— Allez, viens, Surcouf, je vais te tirer le portrait !

Elle tapota du plat de la main le tabouret. J'étais grimpé sur la table du séjour et l'observais à distance. Elle me prit dans ses bras, et je lui chatouillai le cou avec ma langue.

— Coquin ! Tu vas poser pour ta maîtresse.

Le tissu était doux sous mes coussinets. J'enfonçai mes pattes au milieu, là où c'était le plus mou, et malaxai le velours comme je le faisais contre le ventre de ma mère. Katia se dissimula derrière la bête.

— Surcouf ! Surcouf ! Mon bébé, regarde-moi ! Le petit oiseau va sortir.

Je redressai la tête, bêtement. Une lumière aveuglante imprima mes rétines. Trop ébloui pour l'apercevoir, je ne vis aucun oiseau sortir de la boîte. Je quittai mon piédestal et retournai sur la table de séjour. Katia insista pour que je remonte sur le tabouret de velours grenat. Je le massacrai de mes griffes et me jetai à bas quand un deuxième éclair fusa vers moi. Je m'allongeai de tout mon long sur la table, poussant par terre des feuilles qui se mirent à voleter comme des libellules.

— Bon, tu préfères poser là ? OK !

Elle rapatria tout son matériel photo autour de la table et, quand l'éclair survint, j'avais déjà roulé sur moi-même et m'apprêtais à descendre de mon perchoir. Alors, elle me poursuivit dans toute la pièce. Pourquoi s'acharnait-elle sur moi, pauvre *Felis cattus* européen, alors que tant de races félines nobles ont colonisé la terre, survivant aux cendres de la sorcellerie, renaissant de l'embaumement des Égyptiens, trônant en égotistes aux côtés de Richelieu, Louis XV ou Montaigne, s'immortalisant dans les récits de Colette, de Moncrif ou de Rudyard Kipling ?

Prenez le korat de Thaïlande ou le bleu russe : ne sont-ils pas photogéniques avec leurs yeux verts et leur fourrure bleu-gris aux reflets argentés ? Et le laineux british shorthair aux billes d'ambre ne ferait-il pas bonne figure devant l'objectif ? Il fallait que je présente tous mes cousins à Kate, sans en omettre aucun. J'allais lui parler du mouton-chat, appelé plus communément « Rex », comme le « T », mais en moins impressionnant, au pelage beige frisé et doux comme un agneau. Et puis que dire du charmant birman couleur chocolat au lait ou chocolat noir, velouté comme un breuvage crémeux ; et le bombay noir de jais tombé dans le seau à charbon porterait-il malheur ou serait-il trop sombre pour la pellicule ? Alors, je peux proposer des spécimens plus clairs. Le mau égyptien, par exemple, avec sa robe tachetée de gris clair, moyen et sombre, impressionnera à merveille une émulsion noire et blanche. Pour un rendu en couleurs, on optera pour le persan red tabby à la robe rouille. Énorme, il remplira le cadre sans défaillir. Pour un visage lisse, je recommande l'abyssin, mais, si l'on veut du comique, l'oriental aux grandes oreilles fera l'affaire, et, si l'on désire une tronche contrariée, le persan est le roi des grimaces.

Qu'ai-je encore dans ma malle en osier ? Le sphinx à poil, le Somalie « belles moustaches », l'angora, dont la fatuité sera visible sur le cliché, et le fragile siamois. J'ai gardé le meilleur pour la fin, le plus beau des félins, Son Altesse sérénissime d'Orient, le souverain aux yeux de lac norvégien, j'ai nommé le sacré de Birmanie, fier, majestueux, royal.

Mais qui sont-ils, tous ces princes aux titres ronflants, fardés, grimés, pomponnés, enrubannés, permanentés, à côté de la race supérieure des félins, la plus ancienne, venue de Gaule en compagnie des armées romaines, avec, comme principal atout, celui de n'avoir aucune caractéristique définie ? Celle-là même n'a pas besoin de queue coupée ou d'oreilles courbées en demi-lune pour séduire. De taille moyenne, robuste, musclé, bien proportionné, ce chat choisit sa robe en empruntant à la palette du peintre la totalité de ses nuances. Il passe du blanc au noir, du gris au fauve, du moucheté au rayé, mélangeant les couleurs au gré de son humeur. Les multiples facettes de ses yeux ronds complètent sa tenue. Il offre un regard bleu, vert, jaune, orange ou parfois vairon quand il n'a pas pu se décider. C'est un grand voyageur : d'Égypte, il passa en Crète, puis en Grèce, en Sicile, en Inde, en Chine et au Japon, pour s'attaquer en dernier au Nouveau Monde. Inutile de vous dire que je suis moi-même de cette race des géants : l'Européen devenu gouttière pour les intimes.

Kitty a peut-être raison, après tout, de me mitrailler de ses éclairs bleutés. Ne sommes-nous pas les plus beaux, les plus naturels, les plus sympathiques ? Qu'il arrive d'Amérique, de Turquie, du Bengale, de Birmanie, de Russie, du Japon, d'Angleterre, d'Égypte, de Perse ou de Gouttière, aucun appareil photo ne fera sourciller le prince des félins.

L'odeur que dégageaient les petits carrés gris et noirs m'attirait. J'en léchai un, où une queue de chat apparaissait dans un angle. Un deuxième laissait voir le bout d'une patte blanche. Sur le troisième cliché, un chat se nettoyait sans rien cacher de son anatomie de mâle.

— Surcouf ! Ma planche-contact !

Je la paraphai de mes crocs avant de la lui rendre.

— P'tit con, regarde dans quel état tu l'as mise !

— Chérie, je te ferai remarquer que ce n'est pas une grosse perte ! Entre les bouts de queue et de pattes, une oreille et un magnifique portrait de dos, il n'y a rien à en tirer ! Sans jeu de mots, bien sûr !

— N'exagère pas. Regarde celle-là : on le voit bien.

— On voit surtout que c'est un mâle coupé en pleine séance de lustrage !

— Et celle-ci, tu en penses quoi ?

— Franchement ?

— Oui, franchement !

— On dirait une poule qui vient de trouver un couteau de parachutiste !

Elle tira la langue à son ami.

— Tu en penses quoi, toi, Surcouf ?

Je léchai l'endroit où elle avait posé le doigt.

— Je crois qu'il l'aime bien, lui. Je vais la tirer !

— Brou-hou !

14

La vie de Monsieur

Ses yeux émeraude scrutaient la rue. Perché sur le muret du jardin, il s'apprêtait à partir pour sa virée nocturne. Je le vis bientôt sauter du mur et se fondre dans la nuit. Monsieur pouvait se vanter d'avoir une vraie vie de chat de gouttière. Libre de son existence et de ses amours, il était toujours par monts et par vaux. Où pouvait-il disparaître pendant ces heures entre chien et loup ? Que faisait-il de ses loisirs ? Parfois, il s'absentait une semaine entière. À quel trafic se livrait-il ? Le mieux, pour répondre à toutes ces interrogations, est encore de lui laisser la parole.

Ma vision de nyctalope, bien qu'inutile dans une vie urbaine, me permit de voir, du haut de la murette du jardin, qu'il n'y avait pas un chat dans la rue. Je sautai à bas de mon perchoir et me coulai sous un véhicule à quatre roues et au moteur refroidi.

Je m'étais suffisamment fait roussir les poils des oreilles pour me méfier maintenant des moulins surchauffés. Je me faufilai d'un caniveau à un bas de caisse, d'un châssis à un porche sombre, jusqu'au bout de l'avenue, en une déambulation incognito.

Un jardin en friche m'attira comme un aimant. Je me glissai sous la porte en pin, aux bords effrangés, et disparus dans cette nature authentique, paradis des félins. Je m'imaginais dans la savane, rampant dans les hautes herbes, à l'affût d'une proie.

Je débusquai une saturnie, que je croquai comme une friandise, puis je quittai les lieux par le chemin que j'avais emprunté pour y pénétrer. Je ne partis pas les mains vides, ou du moins les pattes vides : des dizaines de graminées aux poils accrocheurs s'étaient agrippées à mon pelage, comme sur un velcro. Je ressemblais à une bête atteinte de pustules infectieuses.

J'essayai de les éliminer avec la langue. C'était très désagréable. J'en ôtai trois, puis acceptai ces voyageurs clandestins, les semant toute la nuit, au cours de mes pérégrinations, en longeant un mur ou en passant sous un véhicule en stationnement.

Je laissai deux rues sur la gauche et pris un chemin à droite. La première maison possédait des caves en enfilade que je connaissais bien ; la dernière débouchait sur une cour, puis sur une impasse à l'arrière.

J'urinai à l'entrée du soupirail, m'introduisant dans les lieux, sans autorisation. Je repérai l'ennemi à l'angle sud du mur d'enceinte. J'observai ses yeux qui s'éclairaient par intermittence, comme deux phares dans la nuit, suivant l'orientation de sa tête.

Lui aussi épiait mes prunelles lumineuses. Le tape-tum – cette surface réfléchissante derrière la rétine, commune à tous les félins – trahissait ma présence près du soubassement. Nous restâmes un quart d'heure immobiles, comme la terrible lionne Sekhmet sur son socle de marbre, évaluant les chances de chacun de déloger l'autre.

C'était un mâle entier roux, comme celui qui squattait mon domaine de jour, deux fois plus gros et au poil angora. Il paraissait jeune et sans expérience ; moi, j'étais plus âgé, plus expérimenté. Je m'avançai à vue, dans un rai de réverbère. Il n'osa pas bouger. Je progressai et arrivai sans encombre dans la partie ombragée. Il se déplaça sur le côté. C'était le sceau de la peur ; ce fut comme un signal : je feulai pour qu'il dégage.

Comme tétanisé, il se figea, ne tenant aucun compte de mon avertissement et de la chance de survie que je lui laissais. Je le rudoyai toutes griffes dehors. Nous hurlâmes de concert et roulâmes dans la poussière. Je le plaquai au sol, le pinçant au niveau du cou et le ceinturant de mes membres antérieurs. La gueule occupée, je ne pouvais plus crier. Mon ennemi s'en chargea pour deux, au risque de réveiller tout le quartier.

Je le dominais, du moins je le crus. Son apparente faiblesse me bluffa. Il fit un demi-tour sur lui-même sans que je m'y attende. Je me retrouvai dans la position qu'il occupait cinq minutes plus tôt, la position du dominé. Je m'étais fourvoyé, il était bien plus fort que moi, comme le laissait penser son ossature.

Je criai sous les étoiles avant qu'il me blesse. Il me mordit quand même la joue. Les poils épais de mes bajoues de mâle entier empêchèrent ses crocs de me transpercer. Nous nous séparâmes, non sans avoir lancé nos pattes griffues à la tête de l'adversaire. Je l'atteignis au milieu du nez, qui vira du rose au rouge sang ; il m'entailla le dessus de l'œil. Je m'échappai par le mur d'enceinte ; il resta dans sa cour.

Du sang perlait sur ma paupière droite, m'empêchant d'y voir clair. Je me cachai à l'ombre bienveillante d'une porte cochère et entrepris d'aseptiser la profonde entaille. Elle fut nettoyée, purifiée, désinfectée, et je me remis en marche. Une baudruche en plastique émettait des phéromones de poulet rôti. Le sac était posé sur le dessus d'un conteneur, pour une fois au couvercle cassé.

Je grimpai dans la benne et forlançai la bête. Je me délectai de la viande encore attachée aux os. Ce n'est pas si courant de trouver de la nourriture urbaine ; ça mérite d'être signalé.

Depuis que les grosses boîtes grises à roulettes ont été implantées, la chasse est ardue. Notre seule chance de nous sustenter est de tomber sur une poubelle mécanisée, abîmée comme ici, sur un réceptacle plein à ras bord et mal fermé, ou sur des urbains négligents qui n'ont même pas pris la peine de soulever le couvercle peu ragoûtant pour y déposer leurs ordures.

Je quittai le réceptacle aux odeurs pestilentielles et commençai un nettoyage à sec en profondeur pour éliminer le parfum tenace ne convenant pas à mon rang ni à ma personnalité, et pour supprimer les souillures que l'on ne manque jamais de ramasser dans ce genre d'endroits malfamés pour affamés.

En fait, j'étais un chat suffisamment nourri pour éviter de me commettre dans ce style de lieu, mais les fumets alléchants m'attiraient toujours. Une autre catégorie de senteurs me faisait parcourir des centaines de lieues ; une substance naturelle, subtile, irrésistible pour tous mâles entiers en besoin d'affection.

Je humai l'effluve, promesse de vie, à quelques mètres sur la droite. Nez au vent, je suivis le chemin olfactif, jusqu'à une cave où les fragrances de moisissures se mêlaient à un philtre d'amour. La femelle siamoise s'accouplait déjà à un congénère au pelage ocellé. Une échauffourée par nuit me suffisait. Je n'étais pas agressif de nature. J'attendis mon tour à l'abri des regards. Trois minutes plus tard, la place était libre. Je fis ma cour dix secondes à la coquette.

Elle était consentante. Je la ceinturai de mes pattes avant et l'immobilisai d'un garrot à la nuque. Mon affaire rondement menée, j'esquivai son coup de patte vengeur visant mes yeux. Je savais d'expérience que ces demoiselles sont toujours de mauvaise humeur après un rapport sexuel. Je savais aussi que ces belles ont la mémoire courte et, malgré la douleur infligée quand le galant se retire, elles ne sont jamais repues d'amour et en réclament toujours plus. Celle-ci ne mit pas longtemps à lancer sa longue plainte à la lune rousse. Je revins la satisfaire trois fois de suite, sans oublier de feinter pour éviter les armes meurtrières de ma comparse.

Je repris mes pérégrinations à travers les faubourgs de la ville. Les étoiles pâlissaient au firmament, l'aube se manifestait. J'étais loin de mon port d'attache.

Je me trouvai un refuge diurne au fond d'un garage, sous une caravane privée de vacances. Je vivais en vrai sauvageon. Je n'aimais pas promener mes vibrisses en plein jour. Je restai dans ma cache jusqu'à l'ascension de l'astre de la nuit.

Un flash me surprit sur le rebord du trottoir. Je me cachai sous un diesel puant. Un deuxième éclair essaya de me localiser et ne me trouva pas. Des coups furent frappés sur le toit du véhicule. Je ne répondis pas et restai à couvert. Un ru se forma sous les pneus ; il se transforma en cours d'eau, en affluent puis en fleuve et en cataracte. Je me sauvai à toutes pattes. Un rideau d'eau brouillait le paysage et m'empêchait d'y voir clair. Un éclair me rattrapa. J'avais de l'eau boueuse jusqu'au poitrail. Mes poils collés et pendouillants me tombaient sur les yeux et les flancs. Je n'étais plus un chat de gouttière, j'étais la gouttière elle-même.

Je me réfugiai dans une cave, comme à mon habitude. Heureusement qu'il en existe des milliers à notre disposition. Mes membres, enduits de poussière agglutinée à l'eau de pluie, devinrent lourds, comme emmaillotés.

Mon pelage s'épanchait sur le sol, formant une mare glauque. Piteux, vexé, souillé, je me blottis sur un tas de chiffons. Pendant une heure, je m'appliquai à essayer de débarrasser mes poils de cette fange envahissante et poisseuse. Je me délestai des bottes de boue. À la fin du brushing, j'étais ébouriffé et électrisé, mais propre.

Les toitures dégouttaient ; un ruisseau dévalait la rue ; le ciel avait séché ses larmes. Je tentai une sortie et longeai les façades des maisons. Un étang stagnait au carrefour en bas. Une douche par nuit me suffisait largement.

Un bain ne me disait rien. Je bifurquai à pattes sèches, excepté les coussinets, sur ma droite. J'étais le seul à me promener sous la fureur des éléments. Je ne vis pas âme qui vive, pas l'ombre d'un ennemi. J'en profitai pour explorer d'autres territoires.

Mes pas m'éloignaient de plus en plus de mon domicile régulier. Je découvris un rectangle de verdure, immense, surveillé par deux sentinelles, structure de tubes blancs habillée d'un filet. Un ballon rond trônait au milieu des buts. Le terrain, spongieux, me dévoila deux lapereaux à la faible clarté du soleil pâlissant à l'horizon. Je n'avais pas eu la chance de rencontrer un container ouvert pendant mes pérégrinations nocturnes. Mon estomac réclamait son dû. À défaut de scampi, il se contenterait de lagomorphe.

Je me mis en affût discret avant de me faire repérer. Je rampai sur la pelouse détrempée. Le lapin fit un bond en avant, dévoilant son croupion blanc. Je m'aplatis, invisible, enfin presque, dans l'herbe grasse et surtout humide.

En fait, ils avaient dû dénicher des pâquerettes ; ils semblaient très occupés. Je progressais lentement, à gestes mesurés, jusqu'à la distance de sécurité. Je bondis sans prévenir sur ma proie. Une touffe blanche s'éclipsa dans un trou sous la clôture.

Une boule poilue s'agitait entre mes pattes avant. Je lui brisai la nuque. J'avais trop faim pour avoir envie de jouer avec ma victime. Je lui retirai son pyjama et me délectai de sa chair savoureuse.

L'astre du jour effleurait les toits. Il était grand temps que je me mette à couvert. Des bâtiments couraient le long de l'aire de foot. Je pénétrai dans la première bâtisse en me glissant sous la porte. Le lieu sentait la vache et la résine de pin. Je localisai dans un coin un tapis de gymnastique éventré. Je me lovai au milieu de la bourre. Je me sentais comme sur le ventre de ma mère. Je digérai dans un sommeil bienveillant.

J'avais quitté mon quartier favori depuis quatre jours. Les maigres pitances que je dénichais ne calmaient pas ma faim. Je revins sur mes empreintes et mis deux jours à rejoindre, fourbu, affamé, lessivé, ma demi-propriété. J'avalai trois gamelles à la suite et dormis au milieu des rosiers six heures d'affilée, ouvrant un œil tous les quarts d'heure pour surveiller mon rival attaché à sa longe et qui squattait l'autre moitié de mon territoire.

Je me promenais dans le périmètre interdit uniquement quand le rouquin était absent ; surtout le soir, car il n'avait jamais la permission de minuit. Et puis, d'ailleurs, il n'allait jamais bien loin, même durant la journée, car il avait toujours un fil à la patte. Parfois, l'été, il veillait jusqu'à vingt-deux heures, mais c'était un record.

Quand j'avais le champ libre, je faisais le tour de son domaine réservé. Je marquais à tout va son tas de bois, l'angle du cabanon, sa tondeuse à gazon, son lilas, sa menthe poivrée et surtout le caillebotis qu'il utilisait comme tour de guet, comme lit et comme pierre à affûter. Je le voyais d'ailleurs toujours renifler l'endroit et froncer le nez en reconnaissant mon musc ambré. Petite vengeance personnelle, pacifique, car je pourrais tout aussi bien profiter de son entrave et de son faible rayon d'action pour l'attaquer, mais, comme je l'ai déjà précisé, je ne suis pas teigneux et je ne recherche jamais l'affrontement direct, surtout sans raison valable, par exemple pour une femelle ou une gamelle.

Je me contentais donc de le provoquer en me couchant à la limite de sa corde, élastique compris, car il avait quand même un atout dans sa manche, plus dix centimètres de sécurité. Je m'appliquais à recouvrir ses messages olfactifs de mes propres fragrances au parfum beaucoup plus soutenu et enivrant que celles d'un rouquin castré.

J'engloutis encore deux assiettes à l'heure où la lune monte en maître dans les cieux, esquivant les marques d'affection de mes pourvoyeurs en nourriture, et je m'éclipsai par la cave pour me retrouver dans l'autre rue. J'étais satisfait de ce fief temporaire. À part le congénère poil-de-carotte, il n'y avait que des avantages : une cave pour s'abriter, une entrée principale, une sortie de secours et des pitances à volonté ou presque.

Cette nuit, j'innovai par un trajet inédit, portant mes traces loin à la frontière de l'agglomération. Je poursuivis même cette balade nocturne jusqu'à une ferme, affolant un poulailler et agitant des clapiers. Réjoui de ma virée, je fis demi-tour.

Trois chats de gouttière miteux, pouilleux, galeux, les oreilles effrangées, me barraient le passage. Je bifurquai ; ils me suivirent, silencieux, posant leurs empreintes dans les miennes. J'accélérai ; ils me rattrapèrent et me tombèrent à trois sur le poil. Des feulements, des hurlements, des gémissements s'ensuivirent.

Je m'échappai enfin, boitillant sur trois pattes, et me réfugiai entre deux meules de foin. Mon œil gauche restait fermé, une patte arrière en sang pendait lamentablement, refusant de me porter. Il me manquait un bout d'oreille. J'avais soif, mais rien à laper. Je m'endormis, persuadé d'aller mieux à mon réveil.

Mon sang bouillonnait dans mes veines, affluait à mes oreilles. Seule la pupille droite me renvoyait la vision des lieux. Je me mis en route sur trois coussinets.

Mon état empirait. Je me traînais au bord de la voie asphaltée, à découvert, tremblant à chaque passage de voitures, sursautant à chaque dépression provoquée par les camions.

Je couchais dans des canalisations creuses, recouvertes de sédiments. J'étais maculé de boue séchée, de gravillons incrustés, d'épines enfoncées. Chaque soir, avec de moins en moins d'entrain, je poursuivais ma progression vers mon havre de paix.

Le quatrième jour, je ne me levai pas. J'étais allongé dans un profond fossé, à l'abri des regards. Je laissai passer la moitié de la nuit. Mon œil intact n'obtempérait plus. Un nuage craqua au-dessus de mon crâne, la pluie froide me réveilla, me revigorant momentanément. Je me redressai péniblement. Je me trouvais, sans le savoir, à un quart d'heure de mon refuge.

Je m'écroulai sur une pelouse détrempée. Après plusieurs heures à grelotter, je me sentis soulevé de terre, comme sur un nuage. De douces mains me caressèrent, des paumes rugueuses me palpèrent. Une douleur vive me transperça les flancs. Je m'évanouis.

La prison n'était pas dorée. La cage était en fin grillage argenté. Je pouvais me tenir debout. Un bol d'eau et un autre de croquettes étaient placés dans un angle, un bac à litière propre, dans un autre. Je me servis des trois. Une de mes pattes était prisonnière d'un bandage. Je la secouai pour le faire tomber, mais sans résultat. Je ne voyais plus d'un œil. La deuxième paupière le recouvrait entièrement, mais je me sentais en pleine forme. Pourquoi étais-je séquestré ?

Je hurlai ma désapprobation et grattai le treillage. Moi, le chat « ensauvagé », libre comme l'air, je ne pouvais supporter d'être encagé. D'autres locataires s'agitèrent autour de moi. Bientôt, ce fut un concert de cris, feulements, gémissements. Une femme en blouse blanche fit irruption.

— Holà, on se calme ! Qui a commencé ?

Comme par miracle, les six autres cages s'étaient tues, sauf la mienne.

— Alors, c'est toi le fautif ?

Elle ouvrit la grille et me prit dans ses bras. Je lui crachai à la face.

— Tu n'es pas commode, toi !

Elle me reposa près de la litière et consulta la fiche accrochée sur le côté du quadrilatère.

— Tu as de la chance : ta sortie est programmée dans deux heures. Allez, un peu de patience !

Je hurlai à la mort les cent vingt minutes suivantes.

L'homme qui me pourvoyait habituellement en gamelles me libéra de ma prison pour me confiner dans une autre beaucoup moins spacieuse. Le plastique était imprégné de l'odeur du rouquin. Je protestai. Quand allait-on me rendre à ma vie ? Il m'emporta à bout de bras et posa ma caisse de transport sur le siège avant de sa voiture.

Pas habitué au convoyage sur roulettes, pris de panique, j'urinai sous moi ; puis, le tangage aidant, je me vomis dessus. La fenêtre latérale s'abaissa. Une odeur pestilentielle nous accompagna tout le long du trajet.

Je fus déposé dans mon jardin, mais, malgré mes protestations, on refusa de m'ouvrir la caisse de transport. J'étais pris au piège, en plein milieu de mon propre domaine. Je passai une patte à travers la claire-voie, essayant en vain d'atteindre le loquet. Poil-de-carotte passa à cinquante centimètres de ma cage. Il s'étrangla avec son collier sans réussir à me sauter dessus. De toute façon, j'étais protégé par mon caparaçon plastifié. L'homme l'attacha à sa longe et m'emmena dans les étages.

Je devais amèrement regretter d'entrer chez ces gens. Je fus d'abord enfermé avec eux dans un cagibi carrelé. Je dégouttais d'urine et de vomissures. Une pluie drue s'abattit sur mon dos. Je tentai de me mettre à l'abri sous un meuble, mais la fille me tenait fermement.

Le jeune homme me frictionna le ventre et la queue. Je feulais, mécontent que l'on touche à ces zones sensibles entre toutes. Une mousse abondante et odoriférante enveloppait mon corps. De l'eau tiède tomba à nouveau du ciel, puis je fus transformé en momie égyptienne, entouré comme j'étais d'une serviette-éponge. Allais-je être enterré vivant avec ces quasi-inconnus, comme aux temps anciens des peuples du Nil ? Non, nous n'étions pas assez intimes.

Bien qu'affamé, je refusai de manger l'assiette appétissante dans une pièce qui renâclait si fort l'importun squattant la moitié de mon jardin. Je miaulai à fendre l'âme devant une huisserie fermée, que je supposais être la sortie de secours. L'homme en ouvrit une autre, et je me précipitai en claudiquant dans l'escalier.

Il me suivit, une gamelle à la main, et la déposa dehors sur la terrasse bétonnée, à la place habituelle. J'engloutis tout sans respirer, hormis une petite bille bleue, et réclamai du rabiot. Je laissai de nouveau la bille bleue dans un coin. Cela ne sembla pas faire plaisir à l'homme. Il revint avec, au milieu de l'assiette, une crevette solitaire que j'avalai tout rond.

Je restai exceptionnellement deux jours et deux nuits sur place. Je n'avais qu'une envie : dormir. Ma patte arrière, entravée, m'empêchait de me mouvoir normalement. Au troisième lever de l'astre du jour, la fille me libéra de mon carcan. Mon membre fonctionnait malgré une certaine faiblesse. Je décidai de le muscler en cours de route. J'ingurgitai la pâtée et la crevette, délaissant une nouvelle bille bleue trouvée au cœur du fruit de mer, et repris ma vie errante cinq jours par semaine et sédentaire les quarante-huit heures restantes. Mes forces revenaient progressivement ; de nuit en nuit, je m'éloignais de plus en plus de mon point de ralliement, mon semi-domaine.

Elle était brune avec de jolis yeux verts. Une tache blanche tranchait sur son poitrail, comme un cœur à prendre. Elle m'appelait de toute son âme. Je passai la tête par le soupirail.

15

Amours castrées

Ses yeux verts, comme deux phares dans la nuit d'encre, m'observaient de derrière la poubelle. Un petit cœur blanc, en pendentif, rehaussait sa robe de velours chocolat ; ses oreilles frangées lui donnaient un air coquin. Elle roula dans l'herbe et offrit à mon regard son intimité consentante. Je rampai vers l'effrontée et fus arrêté net par ma dragonne.

Elle fit un bond de cabri pour parer à mon avancée et me gratifia d'un nouveau roulé-boulé de son invention. Un son plaintif se mua dans sa gorge en une mélodie gutturale ; elle redressa sa queue en étendard, m'exhibant sa croupe en cadeau. J'avais beau être un chat castré, j'avais imprimé le message.

Pendant une heure, une boule de poils bistre faucha l'herbe haute à la manière du *bowling green* pratiqué par les vieilles Anglaises habillées en infirmière du dimanche. Elle poursuivit ses vocalises et se promena bannière au vent. Elle s'étonna de me voir rester sourd à ses avances. Elle miaula tout en me dévisageant de ses lacs émeraude. Comment pouvais-je réagir, moi le castrat enchaîné et bridé ? Je décidai de passer outre mon entrave et commençai à ramper vers mon amoureuse transie.

En bout de corde, je plantai mes griffes dans l'herbe grasse, comme avec un grappin. Je m'épuisais, je tétanisais, j'anhélais. La friponne ne comprenait rien à cette situation trop abstruse pour son cerveau étriqué.

Je fus projeté en arrière, comme sous le coup d'un uppercut très soigneusement ajusté. Je m'affolai des quatre pattes, comme dans un sable mouvant, et rétablis mon équilibre par une pirouette. Je me léchai le bas du dos pour faire bonne figure. (Façon de parler. Avez-vous déjà essayé de faire risette tout en tournant le dos ?)

Elle comprit enfin qu'elle seule pouvait nous sauver de cette ridicule conjoncture. Elle redressa tête et queue, et avança vers moi, une patte après l'autre, avec délicatesse, ne posant que l'extrémité des phalanges.

Dès qu'elle se matérialisa dans mon périmètre, je lui sautai dessus ou, à tout le moins, je le pensai, jusqu'au moment où je m'aperçus que j'embrassais la pelouse. Elle s'était éclipsée en dehors de ma périphérie par un nouveau saut de chevrette.

Elle rappliqua sur ses coussinets d'air, précautionneusement, lentement, et feinta avant que je ne l'attrape. Ce jeu du chat et de la chatte s'éternisa une heure durant. Mon excitation était à son comble. Mon intelligence prit enfin le dessus. Au lieu de l'attendre en bout de corde, je me reculai d'un mètre et, quand elle s'avança jusqu'à ce qu'elle crût être la limite de mon champ d'action, son bond de côté ne suffit pas à la mettre hors de ma portée. Grâce à ma ruse, je bénéficiais d'une allonge supplémentaire. Je plongeai sur ma victime et l'immobilisai sans autre forme de procès.

Elle hurla de surprise, mais cette fois je tenais bon. Elle ne put m'échapper. Je lui grimpai sur le dos malgré ses vives protestations, qui n'étaient d'ailleurs que feintes, car elle me dévoila ses charmes sans même que je les réclame. Je m'exaltai sur sa croupe, mais ne réussis pas à la faire crier. J'avais même la vague impression de m'exciter dans le vide, ce qui se révéla exact.

Mes attributs masculins me faisaient défaut. Ma virilité ne répondait plus. Je m'escrimais pour rien. La gredine s'en aperçut rapidement. Elle me fila d'entre les pattes, fit volte-face et me cracha de dégoût aux moustaches. Comment avait-elle pu se faire enjôler par un vulgaire chat coupé ? Comment avait-elle pu se fourvoyer à ce point ? D'habitude, elle les sentait venir de loin, les castrats, et les évitait comme la rage. Elle s'éloigna d'un air dédaigneux à l'opposé de ma longe. Elle s'assit à bonne distance et lança son appel de chatte délaissée.

Une tête striée de gris ne mit pas longtemps à se manifester à travers l'ouverture du soupirail de la cave. Le mâle approuva par une vocifération appuyée. Leurs chants et contre-chants s'affrontèrent pendant une demi-heure.

Je m'attendais à voir mon compagnon de vie intervenir pour faire cesser ce raffut, mais Pat lui-même en rajoutait avec sa perceuse à percussion nucléaire.

Un bond en avant, un bond en arrière, un saut à gauche, un saut à droite, Monsieur et la brunette interprétaient une chorégraphie connue d'eux seuls. Elle lui resservit son numéro des roulades dans l'herbe, comme à moi. Elle ne faisait pas preuve de beaucoup d'imagination pour une chatte de ruelle. Elle proposait les mêmes arguments pour séduire des rivaux. À croire que nous sommes tous faits sur le même moule ! Il finit par la couvrir alors qu'elle achevait une roulade horizontale avec passage sur le ventre. Elle ne prisa pas du tout et lui feula à la face. Il insista et reçut un direct du droit griffu sur la paupière gauche. Il relâcha son étreinte en gémissant.

Je m'étais accroupi sur ma tour de guet, ne ratant rien du vaudeville qui se jouait. Elle revint vers Monsieur et lui rasa les vibrisses de sa queue empanachée, en toute obscénité, oubliant l'épisode précédent et son geste déplacé. Pas rancunier, le galant la suivit et grimpa sur son dos, avec pour résultat de se faire à nouveau fustiger d'un grognement venant du tréfonds de sa gorge de dévergondée.

Cette fois, il esquiva le direct du gauche avant qu'il n'atteigne son œil droit et commença à jouer les Dracula, serrant le cou de la belle entre ses crocs acérés. Curieusement, en victime consentante, elle ne se débattait plus. On ne voyait pas perler de sang.

Peut-être Monsieur s'en abreuvait-il ? Elle redressa sa croupe, et il la saillit plus efficacement que moi, je dois l'avouer. Elle hurla de plaisir ou de douleur, allez savoir… Puis, mû par l'instinct de survie, Monsieur la libéra et courut se mettre à l'abri dans la cave avant que sa conquise ne laisse libre cours à sa colère.

Son coup de patte meurtrier froissa l'air, et elle chercha son partenaire du regard. Elle n'eut pas besoin d'aller le pêcher bien loin. Une tête tigrée s'encadra, comme par magie, au centre du soupirail. Elle reprit sa danse du ventre à l'intention de son admirateur après l'avoir étrillé de verte manière. Décidément, elle ne savait pas ce qu'elle voulait. Elle roucoula, se roula dans les trèfles à trois feuilles et se trémoussa sous nos nez. Monsieur la rejoignit queue et tête hautes. Une longue plainte sortit de sa gorge. Elle y fit écho une tonique au-dessus. Ils m'offrirent ensuite un cha-cha-cha, flanc contre flanc ; ils se mirent à tourner, lui essayant de renifler sa croupe, elle s'esquivant sous l'impolitesse. Emportés par une folle ronde, ils stoppèrent soudain, la chipie avec un temps de retard, ce qui eut pour conséquence de les mettre tête contre tête, et notre Roméo en profita pour monter sa Juliette à ses risques et périls, et, des périls, il en eut son compte. En se contorsionnant, elle réussit à lui mordre la truffe. Il poussa un cri de chiot maltraité et lui rendit la monnaie de sa pièce en la chopant à la nuque. Elle se mit à brailler et lui feula à la face. Elle progressait ventre à terre pour se débarrasser de cet encombrant amant d'un jour, mais il ne lâcha pas sa prise, et ils exécutèrent une danse des canards à deux. Elle rampait au sol et lui la collait au train, pattes écartées, dans une position ridicule, pour ne pas se laisser distancer, ce qui aurait été très douloureux.

Quand il consentit à libérer sa soumise, la belle lui balança un direct du droit comme à son habitude, qui l'atteignit à l'oreille gauche, lui découpant la moitié du pavillon. Il se retira en gémissant, éclaboussant le cœur de la pimbêche de son sang, transformant son pendentif de nacre en rubis écarlate. Pas contrarié pour deux ronds, elle reprit sa parade érotique, mais Monsieur, échaudé, se mit à craindre la garce. Il resta sourd à ses avances, préférant tenir la distance.

C'est le moment que choisit Pat pour apparaître en travers du chambranle de la porte du couloir. Deux flèches sombres se volatilisèrent dans la nature, chacun en un point cardinal différent. Et je restai seul.

— C'est toi qui fais tout ce raffut ?

— Brouh-hou !

— À hurler comme ça, tu vas faire en sorte que la SPA va nous tomber sur le poil !

Comment lui expliquer que j'étais étranger à ce remue-ménage ? Les preuves s'étaient envolées. Je ne fis rien pour démentir et suivis mon compagnon dans les étages. J'en profitai, comme à chaque changement de palier, pour me restaurer. Que je remonte du jardin ou que je redescende du grenier, j'exige un remplissage de gamelle en bonne et due forme. Mon corps d'athlète commence d'ailleurs à accuser les kilos superflus.

Je me léchais encore les babines devant ma fenêtre de guet, dans l'escalier, quand mon regard plongeant côté verdure localisa, faisant tache sur le rose tendre, une touffe de poils bruns sous les rosiers. Fantômette était de retour. Je crachai à travers la vitre et fis entendre une tonalité rauque. J'étais très fâché de loger une squatteuse sur mon territoire. Mais que faisait Monsieur ? Il ne reparut point. Pat ne prisa pas du tout ces marques d'agressivité.

— Que se passe-t-il encore ?

Il scruta mon domaine en ma compagnie.

— Il n'y a rien du tout !

Comme d'habitude, il n'y voyait goutte. Pourtant, deux jades brillaient au mitan du parterre fleuri.

— Tu te fais encore un film !

Et il me planta là avec mon imagination. Comment lui dessiller les yeux ? La harpie sortit à découvert, sitôt Pat retourné à ses occupations, et entreprit l'exploration de ma propriété. Elle écrasa trois pâquerettes, piétina les salades de Kate, inonda mon tas de bois, recouvrant ma bûche préférée de son encre sympathique, elle scarifia mon lilas rose, arracha deux branches de framboisiers en fleurs, viola mon home. Je ne voyais pas ce qu'elle faisait dans mon cabanon, mais je l'imaginais croquant l'arachnide juteux et velu que j'avais gardé en vie pour le savourer plus tard. Je l'imaginais fourrant son nez dans mes chiffons poisseux, je la voyais accroupie, urinant sur ma tondeuse à gazon, ou plutôt celle de Pat, qu'il promenait dans le jardin tous les quinze jours en ces temps orageux et chauds, pour le plus grand malheur des chats.

Quand mon compagnon l'autorisait à sortir, la bête à roulettes massacrait mon terrain de prédilection, sectionnant les touffes que j'aplatissais de mes roulades, dénaturant mes brins préférés que je mâchais avec délectation, rasant l'herbe haute où je me dissimulais. Mais qu'avaient dans la cervelle les deux-pattes pour ainsi défigurer notre nature à nous, les *Cattus* ?

L'intruse ressortit au coin de l'appentis, tête haute, queue hérissée, oreilles dressées, humant l'air de ses narines retroussées, cherchant une présence mâle. Monsieur s'était bel et bien envolé. Je la vis disparaître à son tour dans la cave. Au bout d'une heure d'affût, aucun ennemi ne réapparut sur mon territoire.

La nuit tombée, enfermé dans ma chambre-cuisine, je plongeai dans un sommeil convulsif. Soudain, un cri déchira la voûte céleste. Je me réveillai en sursaut et, sans prendre le temps de dégourdir mes membres, je sortis de mon placard-bed pour rejoindre ma tour d'observation sur l'appui de fenêtre. Je scrutai les profondeurs de la nuit. Étant nyctalope, je n'avais aucunement besoin de jumelles à infrarouge, j'y voyais comme en plein jour.

D'ailleurs, tout le monde y aurait vu comme en plein jour avec le candélabre arrosant de son large pinceau mon jardin assombri par les cieux.

Je localisai deux ombres étirées appartenant à deux congénères. Une se tenait près du troène, l'autre, sur les rondins de bois. L'ombre sous l'arbuste rampa jusqu'au tas de bois, l'autre glissa de son perchoir. Les silhouettes se croisèrent, l'une se coula à droite, l'autre, à gauche. Un cri aigu résonna à nouveau, puis les formes se fondirent ensemble, formant un unique contour sous les étoiles. Un râle déchira l'air immobile, un grognement lui répondit. Les ombres rampèrent sur le sol jusqu'à faire un tour complet du propriétaire. Elles se séparèrent dans un feulement rageur et une gifle mal ajustée.

Le félin à la robe blanche tachetée de gris se noie dans la nuit. La femelle presque invisible, signalant sa présence par un simple cœur immaculé sur le poitrail, qui luisait comme une balise de détresse dans la pénombre, se lécha consciencieusement la partie souillée.

Je nettoyai ma gamelle, bien que vide depuis le début de la soirée, quand des vocalises réveillèrent à nouveau les cieux endormis. Je remontai précipitamment sur mon perchoir. Voilà que Fantômette se prenait pour la diva de la nuit. Je m'attendais à tout moment à voir débarquer Pat, Katia ou les voisins ; pourtant, aucune lumière n'éclairait les fenêtres alentour. Étais-je le seul à ouïr ce concert ? Finalement, non.

Un minois roux, face aplatie, s'immobilisa à travers le trou en forme de chatière pratiqué dans le grillage, que Pat avait découpé à l'intention de la gent féline. Comme s'il y avait besoin de faciliter la visite de tous ces rivaux indésirables sur mon propre territoire. Les deux-pattes laissent-ils leur porte béer quand ils partent travailler de bon matin ? S'il en existe, je n'en connais point. Alors, pourquoi laisser libre accès à mon jardin à tous les inconnus, les ennemis, les pouilleux du quartier ?

Je n'ai pas la réponse. La question reste en suspens.

Le rouquin renifla la belle, qui stoppa net son tour de chant et entama sa gymnastique, sans agrès, effectuant quand même roulades avant, arrière, côté, saut transversal et toupie. Le Casanova fut séduit par ces exercices. Il se mit à califourchon sur la coquette, s'agriffant de toutes ses forces, et la prit sans attendre.

Elle confondit à nouveau la famille *Canis lupus* avec celle des *Cattus* et se mit à hurler à la lune gibbeuse, qui pâlissait d'ailleurs au firmament. Une flamme rousse se coula à travers l'ouverture pratiquée dans les cannisses. Je vis Fantômette se transformer en boule sombre, puis, rattrapé par Morphée, je m'écroulai sur mon observatoire-appui de fenêtre.

Je sombrai dans un sommeil peuplé de cauchemars. Des dizaines de congénères envahissaient mon lopin de terre. Ils urinaient sur mes angles préférés, ils scarifiaient mes bûchettes, ils digéraient mon herbe, ils enduisaient mes murs de leur propre musc. L'un était blanc.

Son bout de queue noire, comme l'hermine hivernale, faisait tache d'encre sur son pelage immaculé. Un autre faisait le pendant : il était noir avec les pattes blanches. Des roux, des bleus, des tigrés, des écailles de tortue défilèrent devant mes prunelles dorées.

Une queue angora noire comme jais frôla l'arrière de ma tête. Ce contact me réveilla en sursaut, comme s'il avait été réel. Les yeux de Kitty me souriaient. Je connectai aussitôt mon cerveau sur le présent et étirai mes membres endoloris par la surface dure et la mauvaise position que j'avais adoptée pendant mon sommeil. J'étais couché sur l'appui de fenêtre de la cuisine, le menton sur le joint de la vitre.

— Eh bien, gros fainéant ! Tu sais l'heure qu'il est ?

— Brouh-hou !

— Il est neuf heures ! C'est bien la première fois que je te réveille !

— Bien sûr, c'est facile de critiquer, mais moi, en attendant, je ne m'étais endormi qu'à cinq heures du matin. Si je soustrais ces quatre heures de repos des dix-huit heures nécessaires à mon métabolisme, il m'en manque encore quatorze.

Je mangeai rapidement ma pâtée de veau (quatre pour cent), aux petits légumes (deux pour cent), additionnée de céréales, sous-produits animaux, additifs divers et substances minérales, autant dire de l'indéfinissable et peut-être même complétée par des OGM, et je disparus sous la couette de mes hôtes jusqu'à ce que des effluves de lapin chasseur me sortent de ma léthargie et me réveillent les papilles. J'exigeai de goûter le produit de la chasse avant tout le monde. La chair était encore rose ; il manquait un quart d'heure de cuisson.

— Ce n'est pas tout à fait cuit !

Je dédaignai les émincés en sauce pour chats pas difficiles garnissant ma gamelle. Je revins dans la cuisine quinze minutes plus tard.

— Wouin-in !

— Tu sais ce qui est bon, toi ! Tu es né fine gueule !

J'insistai :

— Wouin-in-in !

— Bon, d'accord, mais je te préviens : c'est chaud !

Je me brûlai la langue, mais quel délice ! Après une toilette soigneuse, queue et coussinets compris, je demandai à sortir sur-le-champ. Il fallait que je chasse tous les intrus de ma propriété. Je scrutai mon domaine, fouinai dans les recoins, fouillai de fond en comble mon abri anti-pluie, mais je dus me rendre à l'évidence : personne ! Pas l'ombre d'une vibrisse ! Pas plus de femelles que de mâles. Avais-je rêvé tous ces fantômes ? Les roux, les tigrés, les noirs, les blancs ? Même Monsieur se faisait désirer.

Les jours suivants, je descendis tôt et remontai tard. Aucun ennemi ne montra le bout de ses moustaches. La chatte bistre au cœur de glace me manquait déjà. J'étais tombé amoureux de son parfum. J'étais frustré, je n'avais pas pu lui déclarer ma flamme, à la manière féline, bien sûr, en lui sautant sur le râble. Tout au long de ma vie, je devais tomber de nombreuses fois sous le charme des femelles, mais je ne pus jamais m'affranchir de ces amours castrés.

16

Histoires de chats

Le seul oiseau du village, blessé par le chat, meurt. Des funérailles sont organisées, le chat et une petite fille y assistent, mais la petite fille pleure tant et si bien que le chat regrette d'avoir fait son travail à moitié. S'il avait mangé l'oiseau en entier, il aurait été porté disparu et il ne resterait que des regrets, mais, là, le chagrin s'en mêle.

— Vois-tu, Surcouf, c'est Jacques Prévert qui a écrit ce poème en 1951. Qu'en penses-tu ? C'est beau, mais c'est un peu cruel, non ? Qu'aurais-tu fait à la place du matou du village ? Je suis sûr que tu ne ferais pas de mal à un petit moineau ! N'est-ce pas ?

— Brouh-hou !

Les pattes repliées sous mon ventre, les oreilles attentives, les yeux vifs, j'écoutais mon compagnon me raconter des histoires. Souvent, le week-end, Pat choisissait un livre sur une étagère du séjour et s'installait sur le canapé. Moi, je lui faisais face sur un pouf et j'attendais qu'il entame sa lecture à voix haute. J'aimais son timbre velouté et profond, qui avait un effet apaisant sur mon organisme. Cela ressemblait à des séances de thérapie. La lecture du poème avait duré trois minutes. Je restai sur ma faim.

Je le vis déposer son livre sur la table basse et en prendre un autre, à la couverture peinturlurée, surmontée d'un chat à l'allure débonnaire. Il possédait une quinzaine de ces ouvrages, qu'il préférait entre tous, écrits par une Américaine née au début du siècle précédent : Lillian Jackson Braun. Ces récits relataient les aventures d'un chat détective privé et de sa compagne Yom-Yom.

L'été, ils habitaient un chalet dans le comté de Moose, près d'un lac peuplé d'oiseaux ; l'hiver, ils redescendaient à la ville, dans une magnifique grange aménagée rien que pour eux. Leur hôte, héritier d'une immense fortune, ne refusait rien à ses amis à pattes et surtout pas la nourriture des chats de luxe, comme le crabe en boîte du Kamtchatka, les pâtés maison ou les plats mijotés en sauce. Kao K'o Kung, dit Koko pour les intimes, siamois aux yeux bleus, savait résoudre les énigmes policières les plus obscures, remettant toujours Jim Qwilleran sur la bonne piste, dès que son maître s'égarait. Il n'était pas doué de parole, mais il renseignait son compagnon en lui fournissant des indices visuels, sous la forme de titres de livres, en expulsant l'ouvrage de son rayonnage ou en accumulant des objets pour former un rébus. Yom-Yom, elle, n'était qu'une cleptomane sans utilité.

Une autre fois, Pat s'empara d'un énorme livre à la tranche dorée. Je m'installai encore plus confortablement que d'habitude. La séance promettait de durer des heures. Il ouvrit le livre à la fin et me conta une fable de Jean de La Fontaine, *Le vieux chat et la jeune souris*. Je vous laisse le soin de trouver par vous-même cette histoire de souris essayant d'amadouer ce Raminagrobis pour qu'il la laisse en vie. Vous voulez connaître la morale de cette fable ? *La jeunesse se flatte, et croit tout obtenir : la vieillesse est impitoyable.*

Le feu crépitait dans la cheminée, enflammant mon pelage déjà couleur d'incendie. Des flocons de neige s'écrasaient sur la vitre du séjour sans parvenir à percer la muraille de verre pour se réchauffer. Mon hôte entama le récit d'un livre de poche à la première page. Une fois n'était pas coutume.

— Écoute bien, c'est un roman de saison !

Il me conta l'histoire de Pétronus le Sage, qui habitait avec son compagnon dans une vieille ferme du Connecticut. Cette maison comportait onze portes de sortie ainsi qu'une chatière que Pétronus refusait d'utiliser par temps de neige (je le comprends).

Tout comme moi, il rendait responsable son maître des mauvaises conditions météo. Sa foi inébranlable le persuadait qu'au moins une des onze portes s'ouvrirait sur l'été, et il obligeait son hôte à faire le tour de ces ouvertures. Bien sûr, invariablement, la déception était là, et il finissait par sortir, ne pardonnant à son retour que quand son pelage était parfaitement sec. Il n'abandonna jamais sa recherche de la porte s'ouvrant sur l'été.

Là, Pat interrompit sa lecture pour faire ce commentaire :

— Ça me rappelle furieusement quelqu'un. N'est-ce pas, Surcouf ? Toi aussi, tu veux toujours que j'ouvre la porte côté rue, quand tu t'es pris une goutte de pluie sur le museau côté jardin.

Je ne répondis rien à cette taquinerie infondée. Ça n'avait rien à voir. Moi, je me doutais bien qu'il n'y avait pas de soleil éclatant de l'autre côté, puisque le ciel était plombé. J'espérais juste qu'il ne pleuve pas de ce côté-là. Et puis, une averse qui s'arrête au milieu d'une rue, ça s'est déjà vu, suivant la position du nuage. La pluie finit toujours par s'arrêter quelque part. Et pourquoi pas au seuil de ma propre porte ? Vraiment, son histoire n'avait aucun rapport avec mes petits travers. Pat reprit sa lecture. Je ne devais jamais connaître la fin du récit écrit par Robert Heinlein. Je m'étais endormi, bercé par la voix monocorde et chantante de mon compagnon de vie, enveloppé par la chaleur de l'âtre rougeoyant.

17

Gardiennage

Elle relaya des phéromones d'eau de Cologne d'un célèbre mont de Bretagne sur mes poils en passant sa main sur ma toison. Elle était petite et voûtée, donnant l'impression de toujours s'intéresser à moi. Je me glissai sous sa jupe noire en lin grossier et mordis des bas vieux rose, si épais que je ne pus goûter la saveur de ses chevilles.

Elle me récupéra de sous ses jupons et me serra contre son opulente poitrine. Des effluves d'eau de Javel, provenant de son chemisier blanc immaculé, imprégnèrent ma robe. Je jouai avec les rubans satinés qui fermaient son col rehaussé de dentelle de Calais.

Son chignon, gris souris, se défit à moitié quand j'y enfonçai une patte. Elle ne s'en formalisa pas et m'administra un baiser baveux entre les deux oreilles.

— Mémé, je te présente Surcouf, le roi des pitres !

— Bonjour, mon petit pirate. Je suis ta grand-mère Gwladys. Tu vas passer quinze jours de vacances chez moi pendant que tes maîtres vont se faire dorer au soleil des Antilles !

Je me contorsionnai pour échapper à son étreinte convulsive.

— Tu ne veux pas faire un câlin à ta mère-grand ?

Je sautai de ses bras et atterris mollement sur le tapis persan du salon. Tapis persan ? Quelle horreur ! Un tapis moelleux, tissé avec les poils de mon cousin oriental. Combien avaient subi de mauvais traitements pour la fabrication de ces mètres carrés doux aux doigts de pied humains ? Combien avaient péri dépecés, le pyjama ôté, comme celui d'un vulgaire lapin ? Je m'éloignai, dégoûté par cette carpette à l'odeur de sang. Je devais apprendre plus tard que « tapis persan » signifiait simplement qu'il venait de Perse et ne pouvait se vanter de posséder un seul poil d'un *Cattus* persan. Il n'était fait que de fils de coton et de laine. J'acceptai dès lors de l'adopter et d'y passer mes soirées télévisuelles. La couette de la grand-mère étant domaine réservé de mémé Gwladys.

Je laissai Kate et sa parente à leur conversation et entrepris la visite de mon nouvel appartement, en commençant par la pièce la plus importante pour un félin sédentaire : la cuisine. Des remugles de poireaux et d'oignons assaillant mon nez délicat, j'hésitai à entrer. Je me pinçai les narines mentalement et commençai mon exploration.

Un grand parallélépipède rectangle laqué blanc se tenait debout dans un angle, identique à celui de mon ancienne chambre. Plus loin, un cube à vitre fumée réfléchissante émettait des phéromones de poulet rôti. Je léchai la paroi avec délectation. Je grimpai sur une chaise empaillée, je me frottai contre le dossier et prélevai de l'assise quelques brins jaune paille. La table, bizarrement recouverte de carrelage, me refroidit les coussinets. Je sautai dans un bac en inox, où l'eau stagnante humecta le dessous de mes chaussettes. J'entrepris de parcourir le plan de travail beige clair sur toute sa longueur. Je tamponnai d'une empreinte de coussinets chacun de mes pas ; une à droite, une à gauche, quinze centimètres plus avant ; puis de nouveau une à droite, une à gauche.

On me suivait à la trace. Je passai devant divers objets, tous attachés au mur par une dragonne, comme moi lors de mes sorties dans le jardin familial. Quand je descendis à terre, ma réserve d'eau sale sous les coussinets était épuisée. Je ne pus signer le sol de mon sceau aux quatre virgules, le linoléum demeura beige immaculé.

Je me téléguidai vers l'entrée. Je reconnus la porte par laquelle j'avais pénétré dans l'antre de la grand-mère Gwladys. Un parapluie noir, accroché à une patère, attira mon attention. J'attaquai l'ennemi sur son flanc, la queue hérissée et dressée pour l'impressionner, au ras du soi pour me soustraire à sa vue, ce qui peut sembler un peu contradictoire, je l'admets. Comment peut-on passer inaperçu avec une queue en panache se pavanant au derrière comme celle d'un écureuil ? Mais avez-vous oublié les grandes batailles de l'histoire ? Les Anglais qui guerroyaient contre les Français, arborant fièrement en première ligne leur drapeau avec un de mes congénères en armoiries, j'ai cité le roi lion. Ces British ne se lançaient-ils pas dans la mêlée dans le but de surprendre l'état rival, mais bannière au vent, couleurs levées ?

Il répliqua au premier assaut, plus vite que la vitesse de la lumière (environ trois cent mille kilomètres à la seconde), en m'administrant une gifle en retour. Je répondis à l'offense par un uppercut du droit, qui le transforma en métronome à vitesse décroissante. Je m'étais écarté avant qu'il ne m'atteigne de son corps rigide et filiforme. Quand j'estimai que son mouvement de balancier s'était trop ralenti, je le corrigeai à nouveau. Je gagnai bataille après bataille. Quand Kate me souleva de terre, j'avais remporté la guerre.

— Mon petit Surcouf, tu dis au revoir à ta maman chérie ?

Je léchai la fossette qu'elle avait à la base du cou, rehaussé d'une chaîne en mailles italiennes d'un bel or gris.

— Moi aussi, tu vas me manquer beaucoup !

Je ne l'écoutais plus. Je venais de repérer un oiseau du paradis, perché sur une pivoine, ellemême piquée dans un chapeau de paille, lui-même suspendu à un portemanteau mural. Je montai sur l'épaule de ma compagne de vie et allongeai la patte droite pour attraper l'intrus.

Ma première charge lui fut fatale : il tomba raide mort sur la moquette du vestibule. Je sautai à bas de ma monture et immobilisai ma proie. Étendu de tout mon long sur elle, je l'empêchai de respirer et refusai avec force feulements de rendre mon trophée à sa propriétaire légitime. Kitty me souleva sans tenir compte de mes imprécations et rendit l'oiseau de bois, recouvert d'une profonde laque rouge et verte, à grand-mère Gwladys.

— Excuse-le, mémé. C'est un vrai chenapan. J'espère qu'il ne te fera pas trop tourner en bourrique !

— Ne t'inquiète pas, Katia. Nous allons bien nous entendre, tous les deux, affirma Gwladys tout en repiquant le colibri intact au milieu de la soie naturelle de la fleur artificielle.

Dans le miroir de l'entrée, j'admirai l'harmonie de nos chevelures entremêlées, aux tons chatoyants. L'or de mes poils s'équilibrait avec l'acajou cuivré des cheveux de ma compagne. Après une dernière caresse, une perle brillant au coin de l'œil, elle s'éclipsa, refermant doucement la porte derrière elle.

Je continuai mon exploration sans me poser de questions. Je sautai sur la clenche d'une porte fermée. Elle s'ouvrit sur des WC qui empestaient la rose de synthèse. Je m'abstins d'y faire une incursion.

Je tournai à droite dans le couloir et explorai la première chambre. Un grand placard tapissait le mur du fond. D'un coup de patte expert, j'entrebâillai le panneau coulissant et surnageai entre les jupes plissées bleu marine et les robes à fleurs factices.

— Minou, minou ! Sors de là, tu vas mettre des poils partout !

Je poursuivis mon investigation sans répondre. Je survolai des bottines noires molletonnées, des charentaises à carreaux bruns et verts, des chaussures basses et vernies, ornées de boucles en or, dont l'éclat m'attira. Je m'excitai dessus comme l'aurait fait une pie voleuse. Je ne réussis pas à les subtiliser. Gwladys avait entrouvert le panneau opposé.

Je m'extirpai des frusques par l'autre côté, plongeai sur le lit et jouai au trampoline sur l'édredon posé au-dessus des draps. Mon corps disparut complètement à la vue de mémé, dans la masse ouatée et épaisse. J'enfonçai mes chaussettes convulsivement dans la matière moelleuse et malléable, douce à mes coussinets.

Sous mes coups de boutoir, de petits anges blancs s'envolèrent vers les cieux. Je bondis vers le plafond, interceptai un flocon volant et retombai mollement sur l'édredon, projetant en l'air une nouvelle tempête de neige du plus bel effet, tel le gamin qui déclenche une giboulée sur la tour Eiffel enfermée dans sa prison de verre, et cela, même en pleine canicule.

Je m'éclipsai du champ de bataille et passai à la pièce suivante : une salle d'eau avec une douche cachée par un rideau, où des flamants roses s'ébattaient en toute liberté. Je me faufilai derrière les oiseaux et m'envolai vers le plus haut, toutes griffes dehors. J'en éventrai un au premier assaut. Il se découpa de haut en bas sans se défendre.

Le rideau béait sur un mètre. J'abandonnai la bataille car j'étais dégoûté par le manque de réaction de mes proies, toujours figées sur leur support plastifié. Grand-maman arriva sur ces entrefaites, au moment où je plongeais dans le lavabo.

— Qu'est-ce que tu as fait ? Regarde l'état de mon rideau de douche !

Sa voix était faible et chevrotante. Elle me félicitait sûrement d'avoir achevé les oiseaux qui squattaient sa salle de bains depuis toujours. Je m'attaquai au séjour pour voir si je pouvais encore lui rendre service. J'avais déjà fait connaissance avec le tapis persan.

Je m'intéressais maintenant à un ficus dans un grand pot en grès rose. Je me haussai dans la potiche et arrosai copieusement le pied de l'arbrisseau avec ma propre semence. Cette fois, grand-maman protesta en agitant une canne au-dessus de ma tête. Je m'enfuis sans demander mon reste, pour me jucher sur le haut meuble laqué blanc de la cuisine, et je miaulai à tue-tête.

— Chut ! Tu vas réveiller les voisins ! C'est une résidence de personnes âgées, ici !

Je bâillai, indifférent à son babillage.

— Je vais te donner à manger. Je t'ai acheté une petite gâterie pour ta visite.

Elle ouvrit en deux mon perchoir et en sortit des malacostracés à l'odeur alléchante. Je descendis de ma tour de guet, sans que l'on m'y invite, et aidai de mes armes affûtées à déballer le paquet aux effluves à rendre fou un régiment de *Cattus* rassasiés. J'engloutis la chair de crabe sans en apprécier la saveur, trop affolé que j'étais par ce que me transmettaient mes narines.

Le lendemain, je fus servi en langoustes. J'étais en empyrée. Mes journées se déroulaient sans fantaisie, avec ma nouvelle compagne, pour ma plus grande satisfaction. Sa vie coulait comme la mienne : dans la chaleur, le confort et les habitudes. Elle se couchait tôt, avant l'heure fatidique de vingt-deux heures, et se levait à sept heures. Moi, j'étais réveillé depuis une demi-heure, mais j'avais appris à l'attendre patiemment en léchant une dixième fois ma gamelle déjà dûment récurée pendant ma nuitée solitaire. Le matin, je l'aidais à faire son lit en jouant à saute-mouton sur le couvre-lit, à cache-cache sous le sommier ou à colin-maillard avec les draps.

Puis elle époussetait ses nombreux bibelots avec un pompon rouge, que je déplumais un peu plus chaque jour. La fin de matinée se passait dans la cuisine. Je me proposais toujours pour vider le poisson, prélever un morceau de viande qui dépassait ou soustraire les yeux des décapodes. Nous déjeunions de conserve. Comme j'étais le plus rapide, je grimpais sur la table et quémandais un bout de gruyère ou de brie que je mastiquais longuement pour le décoller de mes crocs. Je finissais mon repas en léchant le couvercle d'un yogourt bulgare.

Je mettais la patte à la vaisselle, éclaboussant la vieille femme, mettant en déroute des bulles multicolores, rejetant dans le bac des couverts dûment lavés. Nous passions ensuite dans le séjour. Gwladys allumait la télé et s'installait dans un fauteuil, toujours le même, adapté à sa morphologie, les pantoufles sur un repose-pied.

Je me lovais sur son ventre et l'écoutais soliloquer. Je percevais le générique du début de son feuilleton préféré, elle me grattouillait le menton, puis je m'endormais jusqu'au jingle annonçant les publicités, dont le son saturé détonnait avec le reste des programmes et me réveillait en sursaut. Je descendais alors des genoux de ma gardienne et me roulais en boule sur le siamois aux yeux bleus, dessiné sur le coussin, ou sur le tapis persan. Je rêvais jusqu'à la page de pub suivante.

Quand le soleil baissait à l'horizon, dardant ses rayons jaune pâle dans le salon, nous dirigions nos pas de nouveau vers la cuisine pour nous alimenter. Je mangeais ma portion de pâtée, et mémé se préparait une tasse de thé pour accompagner ses cookies faits maison.

Puis nous retournions dans la salle à manger, où l'on ne mangeait jamais, et, sous prétexte d'y voir assez clair pour tricoter, Gwladys allumait l'halogène, qui me brûlait les yeux.

Elle attrapait son sac baluchon, extrait d'un tiroir, et dépliait avec un soin minutieux quatre pelotes de laine encordées à un dos de pull, aux trois quarts fini. C'était le moment de la journée que je préférais. Je la regardais agiter de fins bâtons rehaussés d'une perle de couleur et dévider les boules multicolores, qui essayaient de fuir.

Dès qu'une pelote faisait mine de se débiner, je la ramenais dans le périmètre autorisé, comme un bon chien de berger rassemblant ses moutons. Cela durait vingt minutes, puis lassé de ce jeu, je me consacrais à une activité plus ludique. Je bondissais sur ma proie et la dépeçais. C'est à ce moment précis que Gwladys me donnait invariablement un coup de baguette anodisée sur la carcasse. Au bout d'une dizaine de tapes sur les oreilles ou le nez, j'abandonnais la lutte inégale. Je ne pouvais quand même pas griffer une personne âgée sous prétexte qu'elle m'empêchait de m'amuser.

Je me postais alors à distance, accroupi sur la table basse, et observais le tableau. La mémé tricotant des aiguilles, l'ouvrage s'allongeant à vue d'œil, et les boules rouge, verte, jaune et brune sautillant en cadence l'une après l'autre au-dessus du sol. Je restais là, fasciné pendant une heure, attendant que la femme remette son ouvrage au lendemain. Nous retournions alors dans la cuisine et mangions de nouveau nos conserves.

À vingt heures, nous assistions ensemble à la grand-messe de la télévision, puis je ronflais devant le film du soir. À vingt et une heures cinquante, Gwladys éteignait l'écran avant d'avoir la conclusion de l'intrigue, accompagnant son geste d'une même parole :

— Je suis fatiguée, je vais me coucher. Je regarderai la fin une autre fois !

Ici, il n'y avait ni concurrence, ni visite, ni imprévu, ni enfant. Le bonheur parfait peut-être ? On pouvait dire que mon adaptation était réussie. Parfois, j'avais des remontrances, mais c'était comme une caresse, même quand elle m'administrait une tape sur l'arrière-train, et sa voix restait douce, même sous l'effet de la colère. Je dois avouer que ses réprimandes suivaient toujours une de mes pitreries. Ou j'avais entaillé de mes griffes le dos d'un fauteuil en cuir, ou j'effectuais des fouilles archéologiques dans un pot de fleurs, ou bien j'utilisais l'encre sympathique pour dissimuler un message. Elle ne supportait pas mes marquages invisibles sur le bas des meubles.

Un jour, un homme bleu vint troubler notre quiétude. Il s'invita dans notre salle de bains, avec sa valise métallique bleue comme lui, et s'agenouilla devant le lavabo. Je grimpai dans la porcelaine blanche et lui donnai un coup de patte sur le haut du crâne, qu'il avait dégarni et à ma portée. Il me regarda, surpris ; je restai sur la défensive, ne sachant quelle réaction il allait avoir.

Il brandit un gros tournevis à manche orange, je m'aplatis sous le robinet. Il fit courir son arme de poing de droite à gauche, à toute vitesse, sur le rebord de la cuvette. Je compris qu'il me sollicitait. Cela faisait treize jours que je n'avais pas joué à des jeux d'hommes. Cela me rappela quelque chose de flou : un jeune homme avec qui je m'amusais voilà longtemps, peut-être dans une autre vie. Je me souvenais d'une odeur forte de mâle. Je me concentrai sur la tige de métal et la crochetai habilement.

— OK, tu as gagné !

Je mordillai ma proie, désagréable en bouche.

— Bon, tu me le rends maintenant ? J'en ai besoin pour travailler.

Je lâchai prise et regardai tourner mon jouet sur la vis du meuble. Je descendis de mon perchoir et plongeai dans la boîte à outils pour en extraire un joint de robinet. Il sauta en l'air sous mon impulsion, comme une puce savante, je le rattrapai au vol et le relançai plus haut. Il atterrit en un roulis aléatoire sur le sol ; je le plaquai sous mon ventre, et il s'arrêta net. Je le récupérai de sous mon estomac et donnai une nouvelle impulsion à la rondelle caoutchoutée, mais elle refusa de s'envoler. Elle se contenta de faire un bond de vingt centimètres. Je stabilisai des deux pattes, elle m'échappa et cette fois s'envola, puis disparut. Je furetai de gauche et de droite sans résultat. Où était-elle passée ? L'homme bleu m'observait, un sourire aimable sur les lèvres. Il tendit sa main droite vers moi, je reculai, méfiant, il l'ouvrit, dévoilant le joint rouille. J'avais trouvé mon maître ; il était plus rapide que son ombre. En fait, le soir même, je devais retrouver ma rondelle sous le tapis de bain. Je m'étais fait blouser : le plombier m'avait présenté dans sa paume le frère jumeau de ma proie.

L'homme referma sa boîte à outils, y emprisonnant mon jouet. Il approcha le bras pour me flatter. Je feintai pour me soustraire au contact. Je l'aimais bien. Il me rappelait quelqu'un prénommé Pat, mais mon instinct de félin m'obligeait à esquiver les gestes déplacés. Je le regardai de loin franchir la porte d'entrée et retournai à mes activités félines avec ma moitié féminine.

Cet intermède nous avait fait rater notre premier feuilleton de l'après-midi. Grand-mère Gwladys avait contourné le problème par je ne sais quel miracle car, dès la deuxième série terminée, elle enclencha une boîte noire dans une autre boîte noire, et le premier feuilleton, dont je reconnus le générique, se déroula sur le petit écran. Je m'endormis dans le creux du canapé avant le début des dialogues. Je me réveillai cinquante-deux minutes plus tard que d'habitude. Ce jour-là, toutes nos activités s'en trouvèrent décalées. Noos ne devions rattraper notre retard que le soir venu.

Le coup de sonnette nous surprit en pleine sieste digestive. Deux compagnons de vie, que j'avais presque oubliés, firent leur entrée. Ils m'accueillirent avec force embrassades et caresses. Cela faisait dix-huit jours que je n'avais pas aéré mes chaussettes. Mes coussinets me démangeaient, tout d'un coup. Je me rendais compte, seulement maintenant, du manque de liberté. Finalement, je décidai de repartir avec eux. Je rêvais de savourer un arachnide ou de croquer un tendre passériforme tombé fraîchement du nid. Je miaulai devant la porte de sortie, impatient que j'étais de retrouver mon ancienne vie, faite de jeux avec Pat, de câlins avec Kitty, d'investigations sur le terrain, d'affrontements avec Monsieur, et pressé de m'adonner à ma passion de toujours : la cynégétique.

Je m'énervais après la porte close, sautant après la clenche, vocalisant vers le plafond, grattant le chambranle. Ils finirent par répondre favorablement à mes imprécations au bout d'une heure. Je ne me retournai même pas pour jeter un dernier regard vers mémé Gwladys.

Nous sommes faits ainsi, nous, les chats : pas d'état d'âme. J'avançai droit devant et entrai en bon premier dans l'ascenseur qui allait me reconduire vers mon existence passée.

18

Expo féline

Je hurlais à la mort, enfermé dans une cage dorée, entouré de congénères, tous plus beaux les uns que les autres, séquestrés tout comme moi. La journée avait mal débuté. Je ne pensais pas qu'un jour je connaîtrais de nouveau le pénitencier, comme je l'avais subi cinq années auparavant. Quelle faute grave avais-je commise cette fois-ci ?

La première fois, c'était au début de mon existence. Jeune, inexpérimenté, j'ignorais que se promener seul dans la rue était considéré comme un crime de lèse-majesté et qu'il était passible d'emprisonnement allant d'un jour à la perpétuité, suivant la gueule du fautif et la bonne volonté des visiteurs du refuge à vous adopter.

Mais, aujourd'hui, je m'étais levé comme d'habitude, de bonne heure, je finissais à peine de manger ma pitance, que Kate refusa de me laisser faire mon nettoyage à sec et préféra s'en charger elle-même. Au début, j'appréciai. Le brossage aux poils de soie, l'égalisation des vibrisses et l'affûtage des armes. Je détestai quand elle me badigeonna de poudre parfumée ; et je m'enfuis quand je la vis s'approcher avec un ruban bleu. C'en était trop !

— Bon, tu as raison, laissons tomber le nœud fantaisie. Tu es bien plus charmeur au naturel !

J'essayai de me lécher dans un coin discret pour me refaire une beauté plus personnelle. Kitty se fâcha.

— Ah non, ne fais pas ta toilette. Tu vas te décoiffer !

Je stoppai aussitôt, pas à cause de ses paroles, mais parce que sa poudre odoriférante était une abomination pour mes papilles. Je demandai à sortir. Elle s'y opposa fermement. Elle me cloîtra dans une cage spacieuse aux barreaux d'acier, le sol recouvert d'un coussin vieil or, que je ne connaissais pas. Il y avait des lieux d'aisances.

— Tu vas prendre l'air, mais pas dans le jardin. Tu vas voir, tu vas adorer !

J'abhorrai l'endroit tout de suite. Je hurlai à la mort au milieu des autres cages, toutes dorées à l'or de pacotille.

— Surcouf, calme-toi ! On ne t'emmène pas à l'abattoir, tout de même !

— Tu es sûre que c'était une bonne idée de le faire concourir ?

Elle en était sûre.

— Mais oui ! Pour une fois qu'ils instaurent une catégorie « chats de gouttière » dans une exposition féline !

— Tu crois vraiment qu'il a ses chances ? Regarde le tout blanc là-bas, et le noir aux yeux pers. Ils sont plus beaux, non ?

— Non ! Surcouf est le plus original, décréta-t-elle avec autorité. Tu en vois beaucoup, des rouquins avec des socquettes blanches, les oreilles et le nez roses, et les yeux couleur ambre solaire ?

— Euh !…

Pat balança un regard circulaire.

— Non, je n'en vois pas !

— Alors, tu vois bien, c'est évident, il aura la médaille d'or !

Je restai prostré sur le coussin pailleté, attendant mon heure. Je n'avais pas le droit de manger, pour ne pas salir mon menton, je n'avais pas l'autorisation de boire, pour ne pas mouiller mes moustaches, il fallait que j'évite de me servir de la litière, pour ne pas souiller ma queue.

Je ne bronchai même pas quand un homme accrocha un calicot orange vif sur le devant de ma cage, obstruant à moitié ma vue panoramique sur tous les stands alentour, qui exhalaient d'ailleurs un parfum entêtant d'ennemis potentiels.

« Les numéros un à cinq dans la catégorie "persans" sont attendus au stand vingt-six. »

« Les numéros quinze à vingt dans la catégorie "sphinx" sont attendus au stand vingt-sept. »

« Les numéros cinquante à cinquante-cinq dans la catégorie "chats européens" sont attendus au stand vert. »

— Quel numéro il a déjà ?

— Soixante-dix.

— Ils font un appel tous les quarts d'heure ; alors, il va passer dans quarante-cinq minutes.

— Bien calculé !

Katia me prit dans ses bras et me déposa sur une table recouverte de soie verte synthétique et molletonnée. Mes griffes me démangeaient depuis un bon moment. Je massacrai la décoration. Un homme en costume sombre me foudroya du regard.

— Je savais bien qu'on aurait des ennuis à ouvrir le concours à des bâtards !

Katia éructa.

— Dites donc, vous ! Ils ne valent pas moins que tous ces pomponnés du ruban !

Elle avait oublié l'épisode du ruban bleu.

— Excusez-moi, madame, se reprit-il, nous sommes un peu sur les nerfs depuis ce matin. Entre un qui nous a uriné sur les mains, un autre qui a griffé ma collègue et une troisième qui s'est lâchée sur la table, il y a de quoi être énervé !

— D'accord, j'accepte vos excuses !

— C'est comment, son petit nom ? s'enquit l'examinateur pour détendre l'atmosphère.

— Surcouf !

— C'est un pirate alors ?

— Oui, on peut le dire !

On me toucha les oreilles, on me palpa les côtes, on me fit tourner sur moi-même, on m'ouvrit grand la gueule, on examina ma queue et on regarda dans l'ambre de mes yeux. Puis, on me remit dans ma geôle, et j'eus l'autorisation de m'alimenter. Je me jetai sur la nourriture comme un chat qui ne s'est pas restauré depuis deux heures. Je me barbouillai les moustaches de veau aux petits légumes et humectai mon nez d'eau minérale.

Des dizaines de cubes grillagés passèrent devant mes pupilles. Les occupants, par groupes de cinq, étaient tous identiques. J'avais l'impression d'assister à un défilé de quintuplés. Des abyssins, des orientaux, des siamois, des persans, des sphinx, des poils longs, des poils courts, des à poil et des européens, qui, eux, avaient l'intelligence de ne pas se ressembler, se succédaient sans interruption.

L'après-midi fut pire. J'étais comme un lion en cage. Si j'avais pu feuler ma rage, je l'aurais fait. La parade avait changé de visage. Ce n'étaient plus les boîtes métalliques qui s'adonnaient à la lévitation, c'étaient les gens qui flânaient devant nos geôles et nous dévisageaient.

J'étais acculé au fond de mon parallélépipède, évitant les doigts de femmes qui transperçaient le grillage pour toucher le soyeux du pelage, me dérobant aux rictus baveux des enfants, fuyant les regards insistants des hommes. Je me lovai dans un coin, ne laissant rien dépasser, et clôturai mes paupières. Je ne les rouvris qu'à l'appel de mon nom, des heures plus tard.

— Surcouf ! Surcouf !

J'écarquillai les prunelles.

— Surcouf ! On te réclame sur le podium !

Je refermai la première membrane de mes yeux. Kate essaya de me déloger de ma cellule ; je m'y refusai. Toujours roulé en boule, je ne laissai aucune prise pour m'attraper. La jeune fille me tirait à elle, je me faisais plus lourd que le plomb. Elle se fâcha.

— Eh ! le chat ! Tu ne vas pas nous faire honte, quand même ? Tu as gagné un prix. Le jury t'a reconnu plus beau chat de gouttière du monde. C'est quelque chose, non ?

— Brou-hou !

— Écoute, nous allons chercher ta récompense et nous rentrons à la maison ! D'accord ?

— Brou-hou !

J'étais d'accord. Je me levai et sautai dans ses bras, bien qu'elle ne dût jamais tenir sa promesse. Tout compte fait, j'étais content de me dégourdir les pattes.

— C'est bizarre, s'étonna Kitty en me voyant changer d'attitude. Parfois, j'ai l'impression qu'il comprend ce que je dis !

— C'est une coïncidence ! C'est parce que tu lui as parlé. Je crois qu'il s'ennuie ferme !

Kate me déposa sur la nappe blanche du comité de remise des prix. Je m'allongeai dessus et entrepris de me laver.

— Euh ! Il vaudrait mieux qu'il se tienne debout.

— Je pense qu'il va refuser, affirma à juste titre ma compagne.

Je continuai ma toilette. Un homme essaya de me passer une médaille autour du cou. Elle était argentée et ne m'allait pas au teint. Une dorée à l'or fin aurait rehaussé l'ambre de mes yeux. Je m'obstinai à baisser la tête pour l'empêcher de m'orner de sa quincaillerie. Finalement, il déclara forfait et déposa la distinction dans la paume de Kitty.

— Vous accrochez la médaille aux barreaux, puis vous installez la cage sur la table dorée, au centre du hangar !

— Avec le chat dedans ?

— Ben, oui, madame ! répliqua-t-il dans un soupir excédé. Il faut bien exposer les lauréats. Les visiteurs doivent pouvoir les admirer jusqu'à la fermeture. Ils ont payé pour cela !

— C'est à quelle heure, la fermeture ? se renseigna la jeune fille d'une voix empreinte d'inquiétude.

— Vingt-deux heures !

— Mais il n'est que seize heures. Je ne peux pas laisser mon minou en cage pendant encore six heures, il va devenir fou !

— Wouin-in-in, approuvai-je.

— Écoutez, madame, se fâcha le membre du Comité international des félins de concours, il ne fallait pas concourir et il ne fallait pas gagner ! Cette clause se trouve dans le règlement, chapitre III, alinéa 5, que vous avez signé voilà quinze jours ! Veuillez vous dépêcher d'exposer votre poulain !

— Brou-houhou !

Je protestai. Je n'avais pas beaucoup de points communs avec la famille des équidés, à part la queue et les oreilles. Mon amie m'emporta, penaude, jusqu'à ma prison dorée.

— Je suis désolée, Surcouf. C'est la dernière fois que je t'embarque dans une galère pareille.

Pat nous attendait, enthousiaste.

— Alors, c'est vrai ? Il a gagné le deuxième prix des chats européens ?

— Oui, malheureusement !

— Comment ça « malheureusement » ? Tu n'es pas contente, ce n'est pas ce que tu voulais ?

— C'est surtout Surcouf qui ne va pas être content : les heureux gagnants doivent être exposés aux yeux des visiteurs jusqu'à la fermeture !

— Et c'est à quelle heure, la fermeture ?

— C'est bien là tout le problème : c'est à vingt-deux heures.

— Ouh là là !

— Comme tu dis !

Pat souleva mon parallélépipède dans les airs. J'allais enfin rentrer chez moi. Il le déposa quelques mètres plus loin, au centre de la salle, sur une table en or. C'était une bien mauvaise plaisanterie. Je hurlai à la mort, fâché, stressé, énervé, fatigué. Je voulais retrouver mon home.

J'observai l'occupant de la geôle jouxtant la mienne. Son pelage beige était constellé d'ocelles brun foncé, sa queue empanachée s'ourlait d'anneaux gris souris, ses yeux jaunes comme les miens éclairaient sa face de fouine. Je lui crachai au visage ; il m'ignora.

À gauche, un autre congénère s'était barbouillé sur la palette du peintre : il affichait toutes les teintes que peut comporter le nuancier du parfait félin domestique. Sûrement une femelle. Les alentours exhalaient la puanteur d'ennemis potentiels.

Les portes vomirent les voyeurs. Une foule compacte défila devant nos cages. Des petits, des grands, des costauds, des maigres, des roses, des jaunes, des noirs. Certains se penchaient pour nous fixer au fond de nos iris, d'autres, promenant leur index sur les barreaux, les faisaient vibrer comme les cordes d'une harpe, des doigts s'immisçaient par les ouvertures. Deux hommes stoppèrent devant ma cellule et papotèrent bruyamment pendant un quart d'heure.

Une petite main potelée me tira la queue, et des langues baveuses léchèrent les tiges métalliques de ma prison comme elles auraient sucé des sucres d'orge. Des enfants m'enfonçaient des bâtons de crème glacée, heureusement terminée, dans les côtes.

Ils m'agitaient des serviettes en papier devant les yeux pour me faire réagir. Je reçus même en offrande des pop-corn enrobés de caramel collant, que je regardais s'amonceler dans ma litière et qui se mélangèrent au gravier quand je me mis à terrasser.

L'incident de la journée, qui devait décider de mon sort, se produisit après une heure trente de parade humaine ininterrompue. Une jeune femme, un nourrisson sur le ventre, attaché comme le candidat à un saut tandem en parachute, se présenta devant ma cellule. C'était la cent cinquantième à me dévisager avec insistance, sans tenir compte des règles de bienséance félines, qui consistent à ne jamais fixer un chat dans le blanc des yeux sans s'être fait connaître avant et à lui présenter ses doigts à renifler pour qu'il s'imprègne des émanations de la personne et qu'il accepte le regard direct et le contact physique.

Le bébé gigotait des petons, imprimant des secousses à ma cage. L'un de ses pieds, minuscules, transperça ma ligne de défense grillagée et s'agita sous mon nez. Je lui happai la socquette. Il retira son pied dénudé et se mit à glousser. La mère nous en fit tout un scandale. Elle hurla sur la place publique que sa fille avait été dévorée par un monstre sanguinaire. Je laissai tomber la chaussette dans ma litière. Katia entra sa main dans l'antre du fauve, à ses risques et périls, pour récupérer l'objet du délit.

— Tenez, le voilà, votre chausson ! Il n'a même pas un accroc. Et arrêtez de brailler de la sorte. Il n'a rien, votre bébé. Alors, allez voir plus loin !

Katia était rouge de colère. Elle décrocha la pièce argentée suspendue par un ruban de soie rouge, que je giflais de temps à autre pour m'amuser. Je la vis se diriger à grands pas nerveux vers le comité de l'exposition féline.

— Bon, le cirque a assez duré. Je vous rends votre médaille et je reprends mon chat. Il en a marre de faire le singe !

Et c'est ainsi que je fus libéré de ma geôle quatre heures avant mes congénères.

Trois mois plus tard, un soir où je fus livré à moi-même dans l'appartement, je réussis à ouvrir un tiroir du secrétaire de Pat.

J'en fis un inventaire minutieux : une loupe, un carnet à spirale, un cutter, des ciseaux me laissèrent indifférent. Je plongeai la patte plus avant. Elle buta contre un corps mou. J'y enfonçai une griffe et tirai.

Un ruban de soie rouge, rehaussé d'une médaille en argent s'écrasa dans un bruit métallique sur le parquet ciré.

19

Pub

Un chat blanc et noir souriait dans le poste de télévision tout en avalant sa pâtée. Il se lécha les babines d'un air satisfait et nous adressa un signe de patte avant de disparaître pour laisser la place à un baril de lessive. Comment arrivait-il à faire cela ? Ça relevait de la magie dessinée.

— C'est nul comme pub ! Pourquoi ils n'utilisent pas de vrais matous pour vendre leurs produits ? Ce serait un peu plus réaliste que ce chat débile qui sourit bêtement devant l'objectif !

— Tiens, regarde : ils t'ont écouté !

Un angora, un gouttière à la robe grise tigrée et un chartreux bleu étaient en pleine conversation sur un faîtage.

— Ma maîtresse m'a acheté la dernière boîte à la mode.

— Laquelle ?

— Kat-Kit-Bof !

— Et c'est bon ?

— Arrête, c'est super génial ! Vous voulez goûter ?

— !!!

— Suivez-moi, c'est moi qui régale ! Vous allez m'en dire des nouvelles !

Après une cavalcade de toit en toit, sur fond de lune gibbeuse, ils se faufilèrent tous les trois par un vasistas et atterrirent juste devant une gamelle (au nom du sponsor) encore fumante de pâtée. L'angora et le chartreux s'en délectèrent.

— Hum ! Délicieux !

— Je vais demander à ma maîtresse d'en acheter.

— Moi aussi !

— Surtout que c'est une boîte bien moins chère que les autres !

— Aïe ! aïe ! aïe ! Si c'est bon marché, ma maîtresse ne voudra jamais en acheter ! Je suis un chat de luxe avec pedigree en poche.

— Moi, c'est pareil, j'ai toujours droit au plus onéreux !

— Eh bien, vous viendrez manger chez moi ! Bon, si on allait à la chasse aux souris ?

Et ils chevauchèrent les toitures sur fond de lune croissante.

— Bon, c'est clair, les publicitaires ne font pas mieux avec de vrais chats !

— Depuis qu'ils savent se servir d'un ordinateur, ils nous font tout et n'importe quoi ! Tu as déjà entendu Monsieur ou Surcouf parler, toi ? À part « brouh-hou », « wouin-in » et « miaou », ils n'ont pas beaucoup de conversation, en général !

— Je vais leur écrire ce que j'en pense, moi, de leurs publicités à la noix !

— Brouh-hou !

La lettre que Kate tenait dans sa main semblait lui brûler les doigts. Elle l'agitait en l'air comme pour éteindre l'incendie.

— Pat, lis-moi ça !

— Ouah ! Incroyable !

Il aurait mieux valu la laisser flamber !

Le studio ne mesurait pas plus de six mètres sur huit. Le soi était jonché de câbles électriques, de rails de chemins de fer pour trains lilliputiens et de bouts de scotch colorés.

Des pieds photo, supports de spots, de réflecteurs et de caméras transformaient le lieu en parcours du combattant. Je furetai de droite et de gauche sans omettre un mètre carré, me glissant sous des dais de velours noirs, rampant sous des fils d'alimentation, grimpant sur un sofa.

— Il est vif, votre chat !

Un homme observait à distance mes facéties.

— Je pense qu'on va pouvoir en tirer quelque chose ! Le problème avec les chats, c'est que, contrairement aux chiens, on ne peut ni les dresser ni les obliger à obtempérer à un ordre précis. Il ne faut pas contrarier leur personnalité.

— C'est vrai qu'on en voit rarement dans les cirques.

— Pour être franc avec vous, je préfère largement travailler avec la race canine. Elle est plus facile à manipuler, mais utiliser des chiens pour la pâtée pour chats, ça ne va pas le faire ! Hi ! hi ! hi !

— Oui, c'est sûr, s'esclaffa Pat.

— Bien que !...

Pendant quelques minutes, l'homme sembla méditer sérieusement sa plaisanterie. En fait, tout le temps qu'avait duré la conversation, le publicitaire avait jaugé mes dons, analysé mes possibilités, épié mes moindres gestes.

— Je vais réaliser un story-board et je vous l'adresserai pour approbation dans une quinzaine.

— D'accord ! Vous avez déjà des idées ?

— Peut-être bien, répondit-il d'un air mystérieux.

— Surcouf, tu viens ?

Me sentant bien dans ce domaine, fait de bric et de broc, je ne me manifestai pas. J'avais dégoté des pinceaux de maquillage. Depuis mon enfance, tous les objets à poils m'attiraient irrésistiblement. J'en avais extrait un rose pâle, à la tête hirsute et soyeuse, que je déplumai avec soin. Je recrachai les filaments au fur et à mesure, dans la boîte d'origine. C'est l'inconnu qui me localisa.

— Regardez-le : il est en train de dépiauter mes plumeaux de maquillage pour les corps !

— Oh ! Excusez-le ! Vous déduirez les dégâts de son cachet !

— Au contraire, il vient de me donner une idée. S'il aime les pinceaux, on va lui en fournir !

Pat me prit dans ses bras, et l'homme nous raccompagna jusqu'à la porte de sortie.

— Bon, comme promis, je vous recontacte dans une quinzaine !

Depuis deux mois, mes compagnons ouvraient leur courrier avec fébrilité.

— Toujours rien ! Il s'est moqué de nous, celui-là !

— Tu sais, Kitty, c'est peut-être mieux ainsi. Rappelle-toi l'exposition féline. C'était plutôt la cata !

Elle se fâcha.

— Mais il n'y a pas de comparaison possible. Là, c'est pour rire. On va lui faire jouer un rôle et puis on va lui donner à manger toute la journée. Ce sera génial, pour lui !

— Euh, tu en es sûre ?

Elle roulait des yeux furieux.

— Si, si, tu as raison, ma chérie : il va sûrement beaucoup s'amuser ! Enfin, si on ne nous a pas oubliés !

Et il me fit une confidence à l'oreille, que je ne peux répéter ici au risque de vexer ma compagne de vie.

Le lendemain, Pat rentra au moment où le téléphone sonnait. Il déposa des lettres sur la table de la cuisine et engagea une demi-heure de monologue sans prendre la peine de remplir mon écuelle. J'attendis un quart d'heure, puis je triai le courrier. Je dénichai sous la pile une enveloppe en papier kraft. J'affectionnais particulièrement les matières rugueuses : le papier journal, le crépon, le carton, le liège, le bois brut, l'Isorel et le kraft. Je m'excitai sur la lettre. La pièce fut bientôt couverte de confettis bruns et blancs. Katia resta bouche bée devant le désastre.

— Pat ! Pat !

— Oui, oui, j'arrive !

— Viens tout de suite !

— Oh ! quel carnage !

— C'était important, cette lettre ? interrogea la jeune fille.

— Ben, euh, c'est-à-dire que…

— Eh bien, réponds !

— Je n'avais pas encore ouvert le courrier.

— Qu'est-ce que tu dis ?

Je fus confiné dans un cagibi pour le restant de l'après-midi. J'eus beau appeler, pleurer, geindre, me plaindre, hurler, taper, gratter, griffer, m'énerver, ils ne cédèrent pas. Quand, finalement, la porte de ma geôle s'entrouvrit, je n'osai plus sortir.

— Allez, viens, le mal est réparé.

Mes hôtes avaient passé une partie de la fin de journée à reconstituer le puzzle. Minutieusement, morceau après morceau, ils avaient collé les confettis sur une feuille vierge. Il y avait des dizaines de petits bouts, tous différents par leur forme et leur dimension. Kate finissait de lire le pli.

— *Post-scriptum : ne pas le nourrir de la matinée !*

Cela faisait une heure que je réclamais une gamelle. On se moquait de moi.

— Ce matin, tu vas essayer une nouvelle pâtée pour chats. C'est pour cela que je ne te donne rien. Il faut que tu gardes ton appétit pour le tournage.

— Wouin-in-in !

J'entrepris le voyage en voiture le ventre vide. J'étais puni, mais j'en ignorais la raison. Je me blottis sur la banquette arrière, prostré, ne comprenant pas ce qui me valait cette punition. Je n'avais pas uriné dans un pot de fleurs depuis un mois, ni fait mes griffes sur le canapé depuis deux jours ; je n'avais pas cassé d'affreux bibelots ni volé le repas de mes compagnons ; je ne m'étais pas lâché sur le tapis ni suspendu aux rideaux de belle-maman depuis l'été. Alors, pourquoi cette sanction à mon encontre ?

Je me réveillai quand la voiture stoppa devant le bâtiment que nous avions visité trois mois plus tôt. Le ménage n'avait pas été fait depuis la dernière fois. Il fallait toujours enjamber des câbles, éviter des trépieds et trier les brosses. J'oubliai instantanément la faim qui me tiraillait les entrailles et me passionnai pour un pinceau rond, surmonté d'un manche en bois.

— Voici ce que nous allons filmer.

Mes compagnons se penchèrent sur un papier quadrillé de carrés colorés.

— Donnez-vous votre accord pour tourner ces scènes ?

— Oui, super ! s'enthousiasmèrent Katia et Pat d'une même voix.

— De toute façon, je ne lui demande pas de se mettre à poil ! plaisanta le cinéaste.

— Il est quand même mineur ! répliqua Pat pour ne pas être en reste.

— Bon, vous pouvez signer là !

Une jeune femme me brossa après avoir enduit mon poil d'une poudre odoriférante. Je me frottai le menton après le blaireau. L'assistante me déposa au sol, sur une grande feuille de papier Canson blanche, uniquement décorée de quatre empreintes de félin de couleurs différentes. Stoïque. je restai là où elle m'avait placé.

— Moteur !

Je fixai l'œil réfléchissant qui se mouvait à peu de distance de moi.

— Parfait, c'est dans la boîte !

Je n'avais pas bronché. La maquilleuse me reprit dans ses bras. Une feuille blanche remplaça la première. Les pattes de chat s'étaient multipliées par deux. Elle m'installa au centre des traces. Ils renouvelèrent l'opération une dizaine de fois. La feuille se couvrait des mêmes marques félines aux couleurs de l'arc-en-ciel. Je déambulais de l'une à l'autre, poursuivi par l'œil sombre. Puis de grandes traînées bleues agrémentèrent le tout. Entre deux séances, la jeune fille m'époussetait. Le jeu se modifia pour la dernière prise. Un pinceau aux poils azur fut posé sur la feuille. Intrigué, je m'approchai et reniflai l'objet insolite. Je le poussai du bout d'une patte. Le voyant rouge de la boîte chromée s'alluma.

— Parfait, il est parfait !

Je pris le pinceau dans ma gueule et fixai l'objectif.

— Super génial !

On me transporta dans une sorte de cuisine au sol carrelé, ouverte à tout vent. Seul le mur du fond était recouvert d'éléments en bois sombre. Une assiette astiquée, emplie de bouchées décorées d'un brin de persil, trônait, bien centrée, sur un carreau de faïence. Je me débattis des bras de l'aide adjointe pour rejoindre la gamelle promise.

— Moteur !

Elle me lâcha le dos au buffet et s'éclipsa rapidement.

— Surcouf !

Je relevai la tête à l'appel de mon nom. L'assistante m'avait peint le bout des oreilles en bleu, mais je n'en avais cure. Je poussai le persil frisé sur un bord et avalai goulûment ma récompense bien méritée.

À ma demande, ils me resservirent copieusement, pendant que mes compagnons signaient un registre, acceptaient un bout de papier en guise de paiement pour mes bons et loyaux services et un carton de boîtes de conserve.

Depuis quinze jours, mes amis avaient modifié leurs habitudes. Au lieu de zapper pendant les publicités, ils se précipitaient devant le petit écran dès qu'ils entendaient le jingle annonçant les réclames. Ils regardaient assidûment les niaiseries, puis soupiraient, visiblement déçus.

— Ils n'avaient pas dit semaine quarante-quatre ?

— C'est ce que j'avais compris !

— Alors, ils ont peut-être eu un problème au montage. Ils ont dû prendre du retard.

Des étoiles blanches flottaient dans l'air vif. J'essayais de les attraper à travers la vitre. Le sapin, déguisé en lampe sur pied, éclairait le séjour par intermittence de ses flashs colorés. Un cri me parvint de la chambre.

— Viens voir, chérie, c'est le spot de Surcouf !

— Oh ! Comme il joue bien !

— Euh ! N'exagérons pas !

— J'enregistrerai la prochaine page de pub. Ils vont sûrement la repasser.

Ce soir-là, mes compagnons regardèrent un programme léger sur une chaîne populaire pour ne pas rater la coupure pub. Eux qui m'avaient habitué aux opéras, aux films classiques en version originale et aux pièces de théâtre, c'était le monde à l'envers.

— Vite, ce sont les réclames. Lance !

— Super !

— Ça y est, c'est dans la boîte ?

— On se la remet ?

— Oui, vas-y !

Ils visionnèrent en boucle, une dizaine de fois, le nouveau spot de la pâtée Kat-Kit-Soap : un magnifique chat roux et blanc, aux poils soyeux et hérissés, exécutait une toile Art déco sur une grande feuille de Canson blanche. Il y apposait, au gré de ses humeurs, ses coussinets préalablement trempés dans des peintures de différentes teintes, recouvrant ainsi le support de signatures félines aux couleurs de l'arc-en-ciel. Il donna une touche finale bleu des mers du Sud à l'aide d'un pinceau à bouche.

Son œuvre achevée, on voyait le félin attablé devant une assiette, dans sa cuisine carrelée, en train d'avaler goulûment d'appétissantes bouchées luisantes de gelée. Suivait un slogan sorti tout droit d'un esprit brillant de publicitaire parisien : « Les artistes ne se nourrissent pas uniquement de la couleur du temps. Les bouchées Kat-Kit-Soap pour tous les artistes en herbe. »

Pendant quelques semaines encore, des cris enthousiastes me parvinrent de la chambre, durant les coupures pub, alors que je dégustais avidement, du fond de ma cuisine, des bouchées luisantes de gelée. La frénésie se calma d'elle-même avec le temps et la lassitude des choses répétées.

Je passais la plupart de mes soirées sur le ventre de Katia, la tête posée entre ses seins. Mais quand le chat roux et blanc déambulait dans le petit écran, je l'observais, fasciné.

20

Concurrence

Aujourd'hui, elle était gaie. Hier, elle pleurait. Et demain ? Sa joie se serait-elle envolée ? Katia était d'humeur changeante, ces derniers temps. Parfois, elle était tendre, trop tendre même. Elle m'étouffait sur ses seins, enduisait ma tête de ses baisers baveux, m'aplatissait les oreilles. D'autres fois, je l'agaçais, toujours dans ses jambes, toujours à me prélasser, toujours à m'empiffrer. Les remontrances me tombaient dessus comme le ressac, une enflée toutes les sept vagues. Aujourd'hui, elle ronronnait dans sa cuisine. Moi aussi, d'ailleurs. Trois crevettes grises avaient chu, comme par miracle, dans mon escarcelle. Elle chantonnait encore quand Pat fit son apparition, un minuscule panier de fraises en équilibre dans la paume de sa main gauche. On était en plein hiver. Comment avait-il réussi cet exploit ?

— Regarde : j'en ai trouvé chez le fruitier, place de l'Hôtel-de-Ville.

Elle porta la plus grosse et la plus juteuse à ses lèvres écarlates comme le fruit convoité.

— Hum ! Délicieux !

Il ôta la barquette de sous le nez de sa compagne qui avançait déjà une main envieuse.

— Non, ce sera pour le dessert, déclara-t-il d'un ton solennel qui n'admettait aucune réplique.

— OK ! se soumit-elle dans un soupir.

Je passais mes soirées, comme toujours, sur le ventre de Kitty. Ma tête posée entre ses seins m'envoyait l'écho de deux cœurs battants à des rythmes désynchronisés. Mon imagination me jouait des tours. Tout le monde sait que chaque être vivant n'en possède qu'un.

Bouloum ! Bouloum ! Bouloum !

Je m'endormis, bercé par les battements de la vie.

Un soir, je me rendis compte que mes pattes, sur l'estomac de mon amie, étaient surélevées par rapport à ma tête posée sur sa poitrine. Je changeai de sens. Son ventre rebondi me faisait comme un oreiller ; je n'aurais laissé ma place à personne. Pat essaya de me déloger.

— Descends, Surcouf, tu vas l'écraser !

Je m'agrippai au châle qui recouvrait mon petit nid de douceur. Kate s'emmitouflait dans des gilets et des lainages, ces temps-ci. Pour mon plus grand bonheur, elle avait toujours froid.

— Laisse-le ! Ton fils ne craint rien, rassure-toi.

— Tu es sûre ?

— Mais oui ! Et puis, par rapport à tes soixante-dix kilos, les huit livres du minou, c'est du pipi de chat !

Et elle me secoua comme un prunier de son rire de petite fille joyeuse. Je descendis de ma bouée laineuse et m'installai à ses pieds.

— Regarde, il est vexé maintenant !

Et elle éclata en sanglots.

— Ça va aller, ma puce !

Il me vola ma place, posant sa lourde tête sur son estomac ballonné. Jaloux, je le chassai à mon tour et me lovai à nouveau, les pattes au milieu du cratère de sa poitrine, les oreilles sur son ventre conique. Elle sécha ses larmes du revers de la main. Pat nous administra un baiser à chacun.

— Brou-hou !

— Tu vois ? Il est revenu. Je vais mettre un DVD de chez Pixar, ça te détendra. Ça va, ma biche ?

Tout le bestiaire allait y passer.

— Oui, ça va !

Mais le ton de sa voix restait toutefois mélancolique.

La butte se boursouflait de semaine en semaine. Du sommet du ballon, mon équilibre devenait instable. Je passais maintenant mes soirées enlacé par les quatre jambes de mes compagnons. Kate avait changé de parfum ; elle sentait à présent le lait vanillé. Elle ne m'accompagnait plus jamais au jardin. C'était toujours Pat qui me descendait ou me remontait. Elle passait beaucoup plus de temps avec moi. Elle restait des journées entières à la maison devant la télévision ou avec un livre sur le canapé. J'avais mon amie pour moi seul. Je n'étais plus abandonné comme avant. J'étais heureux de cette nouvelle vie, espérant juste que Kitty ne soit pas malade, car je la sentais s'affaiblir de jour en jour, et puis ce ballon à la place du ventre semblait la faire souffrir. Pourquoi porter cette baudruche toute la journée ? Quand allait-elle enfin se dégonfler ?

Un cri déchira l'air alors que nous étions couchés depuis à peine deux heures. J'entendis du bruit du côté de la chambre de mes hôtes. La porte de ma cuisine-chambre s'ouvrit grand. Pat m'évita de justesse et remplit un verre d'eau minérale.

— Bois ça, ma chérie, pendant que je sors la voiture.

Il se chargea d'une petite valise en cuir rouge et me laissa en plan, sans un regard, sans une caresse, sans une gamelle. J'allai me plaindre auprès de Katia.

— Wouin-in !

— Oh ! mon pauvre minou, on t'avait oublié !

Elle se leva dans un gémissement et m'accompagna à la cuisine. Elle remplit à ras bord ma gamelle de pâtée et disparut dans la nuit avec Pat, oubliant de m'enfermer dans ma chambre.

Ayant rarement eu l'occasion de me promener dans l'appartement en pleine obscurité, je profitai de leur négligence pour inventorier les lieux. Deux yeux sombres m'observaient derrière une touffe de poils frangés. C'était le briard Vavavoom, assis comme à son habitude à l'ombre du ficus. Il ne cilla même pas en me voyant pénétrer son domaine en pleine nuit. Il ne réagissait pas plus à ma présence nocturne que diurne. Il était comme boulonné au sol, pétrifié comme un bronze. Ne se dégourdissait-il jamais les pattes ? Comment était-ce possible ? Moi, j'avais toujours les coussinets qui me démangeaient. Je profitai de son immobilisme pour m'attaquer à plus fort que moi.

Mon soufflet le fit vaciller de droite et de gauche pendant dix secondes, puis il s'ancra sur sa base, stabilisé à nouveau. Il se figea dans sa pose habituelle, légèrement penché vers la droite, à cause d'une surcharge pondérale. Je l'abandonnai là, statufié, empaillé, momifié. Il ne présentait aucun intérêt.

Je scrutai la rue, sondai les ténèbres. Pas l'ombre d'un chat ne se fit prendre dans le pinceau du candélabre, nul ennemi à l'horizon. Le temps s'était arrêté ; pas un souffle d'air ne troublait l'espace. Je restai un quart d'heure en observation, jetant de temps à autre un œil vers Vavavoom, craignant qu'il ne profite de ma concentration sur les profondeurs de la nuit pour m'attaquer par-derrière. Il semblait s'être assoupi, bien que ses yeux soient restés ouverts.

Je passai à l'ouest. Le jardin était également désert. Je montai à l'étage, que je ne pouvais plus appeler « grenier », car il était maintenant divisé en quatre pièces, distribuées par un palier. Je visitai la première salle à gauche dénommée « salle d'eau ». Je fis le tour de la baignoire, me glissai sous une étagère, où un tas de bocaux en verre trônaient fièrement. J'en fis tomber un qui se brisa sur le carrelage, libérant des dizaines de boules multicolores. Je pataugeai dans le lavabo bleu ciel et jouai avec un élastique oublié. Il finit par choir dans la bonde. J'essayai de le récupérer, mais ne réussis qu'à l'enfoncer davantage dans le siphon.

Je passai à la pièce suivante, qui, en fait, en comportait deux. La première ressemblait encore à mon grenier. Un véritable capharnaüm, avec des outils éparpillés sur le sol brut, des murs en plâtre et la charpente apparente. La deuxième, au fond, était aveugle, sans fenêtre.

Elle était sombre, mais je m'y déplaçai comme en plein jour. Le lieu sentait le sel d'argent, l'acide acétique, le thiosulfate de sodium et l'hyposulfite d'ammonium. Un papier brillant traînait sur le plan de travail. Je léchai un coin ; il devint mat.

Je repassai dans la pièce bric-à-brac, renversai une boîte de vis à Placoplâtre, jouai avec des chevilles d'un bel orange vif et imitai les funambules sur un bastaing posé sur un établi portable. Lorsque j'arrivai à son extrémité, le madrier bascula dans le vide, m'emportant comme la planche qui propulse le surfeur sur la vague. Je le laissai finir seul sa course contre le mur d'en face. Je sautai en marche sur le plancher et quittai la pièce encore plus sens dessus dessous après mon passage éclair.

La quatrième salle était propre, brillante, flambant neuve et vide. Je me servis du parquet ciré comme d'une patinoire pour glisser d'un mur à l'autre, bloquant ma course d'une sortie de grappin avisée. Mes griffes mordaient la surface tendre juste avant que je percute la cloison. Après cinq départs arrêtés du nord au sud et de l'ouest à l'est, je me lassai de ce jeu et abandonnai la pièce scarifiée de stries rectilignes. Après un dernier regard vers le jardin désert, j'investiguai la chambre de mes hôtes, délaissée elle aussi, et me glissai sous la couette refroidie mais fleurant bon le parfum musqué de Pat et capiteux de Katia. Je m'endormis aussitôt, m'imaginant au milieu de mes compagnons.

Le pêne tourna sur son axe alors que j'entamais mon premier songe. Des myriades de pipistrelles exécutaient des arabesques sous la voûte étoilée. L'une d'elles plongea deux fois vers la terre, rétablissant d'un battement de cils in extremis son assiette, pour s'élever à nouveau vers les cieux. Virage sur l'aile, puis piqué descendant. Elle se brisa sous mes crocs.

Je fus bientôt cerné par deux paires de jambes et comprimé par un gros ballon. Je fis le mort, mais personne n'était d'humeur à me déloger. Je mis ma turbine à ronronnement en marche forcée et, blotti contre mes amis de toujours, passai une deuxième partie de nuit des plus délicieuses. Pourquoi n'avais-je jamais le droit de dormir avec eux ? Au réveil, j'étais étalé confortablement dans la largeur du lit. Je poussai Pat de mes pattes avant, je poussai Kate de mes pattes arrière. Chacun sur un bord ne pouvait prétendre à plus de vingt-cinq centimètres de matelas. Je m'octroyais le mètre cinquante restant.

Trois jours plus tard, en plein milieu du film à suspense, ils recommencèrent leur manège. Un verre d'eau pour la jeune fille, un aller-retour au rez-de-chaussée pour le garçon, chargé d'une valise en cuir rouge, puis un départ précipité. Mais cette fois ils m'abandonnèrent le duplex pour la nuit en omettant de remplir ma gamelle. Je hurlai à la mort. Je tournai en rond une partie de la soirée, le ventre vide, enfin à moitié plein, et je finis par me glisser dans le lit, profitant de tout l'espace disponible pour étendre mes membres du bord droit au bord gauche.

Six heures du matin, mon estomac criait famine. Six heures trente, je ne pouvais plus attendre. Je me mis à fouiner dans tous les coins. L'endroit où ça sentait le plus la nourriture était incontestablement ma chambre-cuisine. Je furetai consciencieusement, j'entrebâillai des placards bas ne contenant que de la vaisselle, un tiroir à casseroles et des boîtes de conserve. J'ouvris d'un coup de patte expert le meuble laqué blanc, imitant le geste que Kitty avait exécuté une myriade de fois devant moi. Je sautai sur l'étagère du bas, De grands fouets verts et blancs m'irritèrent les muqueuses, des balles écarlates m'amusèrent cinq minutes. J'en éjectai trois sur le carrelage. Elles roulaient mal et étaient immangeables. Une quille couleur aubergine roula jusqu'au vestibule. Il n'y avait rien de consistant à se mettre sous les crocs à cet étage.

Je redescendis à terre et bondis sur la deuxième claie. Des balles ovales, couleur chair, étaient posées sur un socle moulé à leur forme. Je réussis à en extraire une et à la faire choir dans le vide.

Elle s'écrasa dans un bruit mat et une gerbe jaune. J'en fis tomber une autre qui explosa comme une minuscule grenade. J'allai voir de plus près ce feu d'artifice. La substance jaune et visqueuse était goûteuse, et je la lapai. Cela ne fit qu'attiser mon appétence.

J'essayai d'atteindre la troisième claie, mais l'écart entre les deux étagères était trop étroit. J'échouai quatre fois de suite, retombant sur mes pattes parmi les esquilles de coquilles. Alors, je bondis de nouveau sur la deuxième claie, bien que rien n'ait excité mes papilles à ce niveau. Je délaissai des petits pots cartonnés multicolores et une grosse boîte ronde plastifiée qui sentait les pieds. Je humais bien une odeur alléchante, mais je n'arrivais pas à la localiser sur la clayette où je me trouvais.

Le fumet venait en fait de l'étage du dessus. Un problème se posait à moi. Comment s'emparer de ce poulet vêtu d'une robe en plastique transparente ? Je fis une ultime tentative pour passer au niveau supérieur. Penché dans le vide, j'essayai de me hausser au-dessus à la force des pattes, mais mon postérieur, trop lourd, me tirait systématiquement vers le plancher des vaches – sans ruminant à l'horizon d'ailleurs. Toutes mes entreprises échouaient les unes après les autres. Je retombai à terre, découragé, affamé, dépité.

Je m'invitai à nouveau sur le palier n° 2 et je me mis à réfléchir. Le clayon supérieur ajouré laissait passer une patte. J'en profitai et j'agriffai la volaille endormie dans sa barquette synthétique et tirai vers moi. Elle refusa d'obtempérer et resta à son étage. J'insistai, modifiai ma prise et, ce faisant, tractai de biais. Je vis la luge du chapon glisser sur sa claie. Je persévérai jusqu'à ce que le gallinacé bute sur le rebord, plus haut de quelques millimètres. Je redescendis de mon perchoir, museau en l'air. J'attendis que la bête tombe ou volette jusqu'à moi, mais elle n'en fit rien. J'étais à court d'idées.

Puis je me rappelai que la patience et l'intelligence sont l'apanage de notre race. Je bondis pour la énième fois sur mon étagère fétiche et j'essayai de dépiauter ma proie à travers les barreaux de sa prison. Son caisson de survie était trop solide ; je ne réussis qu'à produire quelques confettis.

Une idée lumineuse éclaira alors mon esprit : je balançai une patte au-dessus de ma tête. Elle s'agrippa au paquet convoité. Je tirai de toutes mes forces, et la bête chut sur le carrelage. Je la tuai d'un coup de croc à la base du cou, qui était flasque et sans vie, et je dévorai la chair molle mais savoureuse pour un chat affamé. La gueule pleine, je ronronnai à l'intention de mes hôtes absents, pendant que l'armoire laquée émettait un bruit de robinet mal fermé.

J'étais fourbu après cette heure de lutte avec ma victime et, la digestion aidant, je m'endormis à même le sol.

Un tam-tam résonna dans ma tête, puis le verrou de la porte d'entrée émit son grincement habituel. Pat fixa le carnage de ses yeux hagards et sans expression. Je l'accueillis par une sternutation. Je m'attendais à une fustigation en bonne et due forme. Il me prit dans ses bras, un sourire béat sur les lèvres.

— Tu auras pris froid dans le frigo, mon pitchoun !

Il me fit tournoyer dans les airs, puis referma d'un coup de coude le meuble blanc, se dirigea vers la chambre et, me tenant toujours dans ses bras, s'écroula sur son lit. Ses dernières paroles restèrent obscures pour moi :

— C'est un garçon !

Nous nous levâmes tard, ce midi-là. Sous le soleil franc, le carrelage de ma cuisine imitait une toile de Kandinsky : un peu de jaune là, un peu de rouge ici, du beige ailleurs et encore du vert et de l'orange. Pat poussa un cri en pénétrant dans ma chambre.

— Ouhouhouh ! Quel chantier !

Et il me fixa de son œil vaseux ; le deuxième refusait toujours de s'ouvrir.

— Dis donc, toi, tu t'es bien amusé pendant notre absence ! Le chapon était bon ?

— Brouh-hou !

Il laissa tout tel quel en vrai amateur d'art abstrait et me servit ma pitance. Il déjeuna avec moi, lui sur une chaise, moi sur la table. Puis il entreprit de détruire mon chef-d'œuvre. Il s'éclipsa de nouveau, me laissant encore une fois livré à moi-même. Je cherchai Kate en désespoir de cause, mais elle nous avait abandonnés.

Elle ne revint finalement que trois semaines plus tard, les bras chargés d'une couverture, qu'elle déposa délicatement sur le canapé du séjour. Je la trouvai amaigrie. Elle avait changé son parfum pour un plus pharmaceutique, et je la sentais lasse. Après les salutations d'usage, caresses dans le cou, léchouilles sur le visage, bisous sur la tête, frottements entre les jambes, j'allai inspecter le paquet.

Le plaid bougeait, gazouillait et me regardait. Perturbé, je reculai devant cette énigme. Bravant mon appréhension, je m'approchai du ballot. La chose était un peu plus petite que moi. J'arriverais bien à la maîtriser si jamais elle m'attaquait. Je posai les deux pattes sur le rebord du canapé et humai le paquet frétillant.

Bizarrement, il refoulait la même odeur que ma compagne de vie. Je lui administrai un coup de patte ; il s'agita et se mit à glouglouter comme un dindon. Je descendis pour essayer d'en faire le tour et de le prendre à revers. Le colis se mit à brailler.

Mes hôtes convergèrent dans un bel ensemble vers la couverture hurlante, mais celle-ci s'était tue. J'étais penché sur elle, et un minuscule bras potelé essayait de m'attraper les moustaches. Pat souleva dans les airs le paquet remuant et lui fit faire l'hélicoptère au-dessus de sa tête, ce qui eut pour effet d'accentuer les gazouillis. Puis il démaillota la chose et m'exhiba un petit être tout en jambes et en bras agités qui me fixait de ses yeux outremer, à me percer l'âme.

— Je te présente ton petit frère, Sylvestre, dit « chaton » !

Comment était-ce possible ? Il n'avait rien d'un félin. Ni vibrisses, ni plumeaux d'oreilles, ni queue empanachée. La seule chose commune était peut-être les griffes.

Mes compagnons de vie me délaissaient. Ils s'intéressaient plus au chaton qu'à moi. Adepte du solipsisme, j'étais malheureux. Le matin, le squatter était le premier servi. Le jour, je gênais toujours, on s'empêtrait dans mes pattes, on me marchait sur la queue par inadvertance, on oubliait mon écuelle. Le soir, l'autre prenait ma place entre les seins de Katia. La nuit, on me réveillait trois fois pour manipuler des bouteilles et des boîtes dans ma chambre-cuisine et on me claquemurait sans autre forme de procès.

Je finis par me mettre en quête d'endroits solitaires, modifiant mes habitudes. Le matin, je me couchais sous le lit déserté, à l'abri des regards. L'après-midi, je me reposais derrière un haut-parleur du séjour. Le soir, je dormais à l'étage contre le sèche-linge de la pièce aveugle. L'étranger avait sa chambre au même niveau. Du fin fond de mon abri, j'entendais mes amis monter l'importun, l'eau coulait dans la pièce attenante, et des cris perçants déchiraient l'air. L'eau s'arrêtait, et j'entendais gazouiller. Ils passaient tous les trois dans la chambre du nourrisson, et des bribes d'onomatopées parvenaient jusqu'à ma cachette : « coucou », « abegadougueu », « guili-guili ». Une porte se fermait, et quatre charentaises redescendaient sur la pointe des pieds à l'étage inférieur.

Un soir, une fois mes compagnons éclipsés, je sortis de ma cachette. Je m'approchai de la pièce du gêneur et reniflai la porte. J'essayais de passer le museau dessous quand elle s'entrebâilla d'elle-même. Je pénétrai dans l'antre interdit. Sylvestre entamait un trille semblable à celui du pinson. Je le localisai dans une boîte bleue. Il était emmitouflé dans de la dentelle blanche, dont il essayait en vain de se débarrasser. Je l'aidai. Arc-bouté à ses pieds, agriffant et tirant le monceau de tissu, je finis par le dégager entièrement de son carcan. Il agita ses bras vers moi. Je pris cela pour une invitation et grimpai dans le berceau. Le bébé me fixait de ses gros yeux outremer. Il émit un gloussement satisfait. Il saisit ma queue alors que je lui reniflais la couche et commença à la mordiller. Je fis volte-face et le regardai de mes prunelles d'or. Il eut un froncement de nez, devint tout rouge ; je lui balayai le visage à grands coups de plumeau. Il se mit à rire. Le drame avait été évité de justesse. Je m'installai à sa tête, poils roux contre cheveux bruns, qu'il avait en abondance, puis nous sombrâmes dans le sommeil en même temps, lui parti vers des songes de bambins ailés, moi vers des bagarres imaginaires avec des congénères de tous poils.

À travers la brume de mes rêves, je distinguai mon nom.

— Surcouf ! Surcouf, où es-tu passé ?

— Surcouf, mon bébé, tu viens manger ?

Je ne bronchai pas.

— Je crois qu'il boude. Depuis la naissance du petit, on ne s'occupe plus assez de lui.

— Tu penses qu'il est malheureux ?

— Peut-être, il est très possessif, tu sais ! On l'a complètement délaissé à cause de Sylvestre.

— Bon. dès demain, on va rectifier le tir : quand l'un s'occupera de chaton, l'autre s'occupera de minou !

— OK ! En attendant, je vais lui ouvrir une barquette pour la nuit, celle au saumon, c'est sa préférée.

À l'heure où les étoiles brillent dans le firmament sans autre concurrence, tiraillé par la faim, je quittai le nid douillet, discrètement, à pas feutrés. Je découvris une surprise de taille en arrivant dans ma chambre. Une pâtée odoriférante m'attendait, celle-là même que j'aimais entre toutes, hormis la nourriture maison qui peut se prévaloir d'être dix fois meilleure. J'engloutis en ronronnant ma pâtée aux deux pour cent de saumon et m'assoupis sur ma cuisinière-bed. Au milieu de la nuit, Pat me rejoignit pour préparer un biberon. Il fut étonné de me trouver endormi à ma place habituelle.

— Ah ! Surcouf, on t'a cherché hier soir. Où étais-tu passé ? Je t'aime beaucoup, tu sais.

Il me flatta le cou, me resservit à manger, puis il m'autorisa à les rejoindre dans leur propre lit. Pourquoi toutes ces gâteries ? La soirée suivante, je m'éclipsai à nouveau et rejoignis la tête du chaton, avec plus de difficulté toutefois, car la porte était bien fermée. Je sautai sur la clenche trois fois de suite, et elle s'ouvrit enfin dans un cliquetis. La télévision bruyante empêcha mes hôtes de l'entendre. Le bébé m'observait de ses iris bleu marine. Je me propulsai à ses pieds, qu'il agitait en permanence, et me couchai au-dessus de sa chevelure. Nous nous endormîmes, moi ronronnant, lui babillant.

Au mitan de la nuit, je fus réveillé par des cris d'orfraie. Je me réfugiai sous la commode la plus proche.

— Tu es folle de hurler ainsi. Tu as complètement affolé Surcouf !

— Mais il m'a fait peur. Il était en train d'étouffer Sylvestre.

Pat, allongé sur le sol, essayait de me persuader de sortir de ma cachette. Je déclinai fortement la proposition.

— Il dormait à la tête du lit, c'est tout ! Tu exagères toujours les choses.

La jeune fille, à bout de nerfs, se mit à sangloter, secouant le bébé de ses spasmes convulsifs. Sylvestre fit écho à Katia et se mit à hurler son chagrin. Tout le monde devint inconsolable. Malgré le biberon et les câlins rassurants, le dernier de la famille se refusa à dormir pour le restant de la nuit. Moi, je m'éclipsai de sous mon abri dès que je sentis poindre le jour et attendis mes compagnons près de ma gamelle. Au matin, la famille était enfin dulcifiée.

La soirée suivante, j'eus la surprise de trouver la porte de la nurserie entrouverte. Je m'y faufilai. Sylvestre m'attendait, les yeux grands ouverts, les bras tendus, les jambes agitées. Je m'installai contre son crâne, et personne ne vint nous déranger.

Dès lors, notre cohabitation à quatre se passa sans incident. Chaton et moi étions devenus les meilleurs amis du monde.

21

Chats-mots

Aujourd'hui, je fête mes quatorze ans. Avec mes deux canines survivantes, j'ai des difficultés pour déchirer la chair de la langouste. J'avale de gros bouts, tout rond, en ronronnant, puis je retourne me coucher sur une couette personnelle, déformée à ma morphologie alourdie. Je dois reconnaître que mon ventre traîne au ras du sol ces temps-ci. Sylvestre, du haut de ses dix ans, vient me déloger.

— Surcouf, Surcouf, tu viens jouer ?

Je suis trop las pour bouger. Des bras me câlinent.

— Tu ne veux pas faire une partie de ping-pong ?

C'était mon jeu préféré, avant. Grimpé sur la table du séjour, j'attendais le lancement de la balle, puis je la frappais en plein vol, loin dans l'espace. Le garçon allait la récupérer sous un meuble, sur le canapé, dans la pièce voisine, et je recommençais mon lancer imprécis. Parfois, je jouais couché sur le plateau de la table. Mon rôle consistait à envoyer le projectile dans des endroits invraisemblables, jamais à le récupérer. Le ramasseur se fatiguait vite, toujours à plat ventre ou à genoux, pour ramasser la balle de ping-pong (trop bruyante), la balle de tennis (trop grosse), le cochonnet (trop lourd), la boule en papier crépon (trop légère), la super balle (trop folle), la boule d'aluminium ménager (idéale). Mais aujourd'hui, une grande lassitude envahit ma tête et mes pattes.

— Maman ! Surcouf ne veut pas jouer avec moi !

Katia déplaça son gros ventre pour essayer de résoudre le conflit. Elle s'assit à côté de moi et m'installa sur ses cuisses. Je posai ma tête sur son ballon et m'apprêtai à m'assoupir.

— Bon, alors ! Il vient jouer ? s'impatienta le garçon.

— Assieds-toi là, Sylvestre.

Le gamin s'exécuta.

— Surcouf est très fatigué, ces temps-ci. C'est un vieux chat, maintenant. Il ne faut pas trop l'embêter. Il faut le laisser se reposer quand il en a besoin, tu comprends ?

Il ne comprenait pas.

— Mais avec qui je vais jouer, moi ?

— Ta petite sœur va arriver dans un peu moins d'un mois. Tu t'amuseras avec elle !

— Tu parles ! Elle sera trop petite pour jouer à la guerre ou au tennis de table, et puis c'est une fille, bougonna-t-il. C'est bien connu, les filles, ça ne sait pas rattraper les ballons. Au moins, avec Surcouf, on peut jouer à des jeux de garçons.

Je me déplaçai et me lovai sur les jambes du garçon. Katia susurra à l'oreille de son fils.

— Surcouf a quatorze ans aujourd'hui, et il faut multiplier par sept pour trouver l'équivalence humaine.

— Tu veux dire qu'il a quatre-vingt-dix-huit ans ?

Il avait toujours été doué pour le calcul mental.

— Oui ! Alors, tu imagines un arrière-grand-père en train de faire un tennis avec son arrière-petit-fils ?

— Euh ! Non, bien sûr !

— Pour Surcouf, c'est la même chose. Il faut lui laisser finir sa vie tranquillement.

— Il ne va pas mourir, quand même ?

— Le véto l'a trouvé en pleine forme lors de sa dernière visite. J'espère bien qu'il sera centenaire, mais il faut quand même se préparer à cette éventualité et le ménager, notre matou ! OK, fiston ?

Sylvestre essuya une larme.

— Tu es grand maintenant, tu peux comprendre !

— Dans combien de temps, maman ?

— S'il vit encore deux ou trois ans, on pourra dire qu'il a vraiment eu une vie longue et heureuse.

— On jouera encore ensemble alors ! affirma-t-il. Et Monsieur, il a quel âge ?

— Il a six mois de plus. C'est aussi un honorable grand-père.

— Il a cent un ans et demi ! compta-t-il.

— C'est exact.

— De toute façon, comme ils ont neuf vies, ils reviendront tous les deux vivre avec nous, décida le garçon.

— Oui, tu as raison, chaton, on ne va pas s'en débarrasser comme ça, de nos deux matous !

En entendant l'un de mes nombreux surnoms, je sortis de ma torpeur. Je m'étirai, passai ma langue, beaucoup moins râpeuse qu'avant, sur une patte, et quittai les genoux du fils de la maison. Je grimpai sur la table du séjour et attendis le premier projectile. Une petite balle argentée, façonnée par Pat, qui s'irisa dans un rai de soleil, m'arriva droit dessus. Je la relançai tellement fort qu'elle atterrit dans l'évier de la cuisine. Le gamin courut la chercher.

Depuis deux mois, nous avions perdu un minou sur les deux. Comme ce n'était pas moi... Monsieur avait disparu. Mes compagnons déclarèrent qu'il était parti vers un autre monde. En compensation, notre famille s'était vue augmentée d'un nouveau membre, une petite minette prénommée Mariette, pas plus grande que Sylvestre quand il était entré dans ma vie. Je n'eus malheureusement pas le loisir de la voir grandir.

Mais revenons à Monsieur. Depuis vingt-quatre mois, il occupait son temps entre ses absences prolongées et ses séances chez le vétérinaire. Il revenait toujours blessé de ses escapades nocturnes. Il faisait infection sur infection. Il ne sortait plus sans bandage, pommade jaune safran ou minerve.

Mes compagnons avaient parlé du sida des chats. Je n'avais plus le droit de l'approcher à moins de trois mètres (distance minimum de sécurité contre le FIV !). Il n'avait plus l'autorisation de finir ma gamelle, je n'avais plus le droit de goûter la sienne, bien que les livres savants affirment que la maladie ne peut se contracter que par contact sanguin, surtout lors de bagarres et de copulation, et non par la salive.

— On n'est jamais trop prudent ! indiqua Pat.

Et puis, toute une belle semaine de printemps, mes hôtes le guettèrent, en vain, pour lui administrer ses antibiotiques.

Je ne me rappelle pas l'avoir revu depuis. À part dans mes rêves peut-être. Sylvestre trouva l'explication.

— Il est parti pour le cimetière des minous !

Depuis qu'une grande lassitude m'avait rattrapé, je m'adonnais à une nouvelle activité reposante : la « microinformatique ». Quand le rejeton s'attablait à son bureau, ce qui arrivait souvent, je grimpais sur le bureau et m'allongeais entre les touches et l'écran. Je l'aidais à tapoter ; j'inscrivais surtout des « Y » et des « U », mes lettres préférées en haut du clavier, ce qui n'arrangeait pas toujours Sylvestre.

J'étais le meilleur ami du garçon, tant que je m'abstenais de trottiner sur le clavier de l'ordinateur. Il n'était pas équipé du PawSense, outil que les écrivains félinophiles connaissent bien. Il n'avait pas lu l'article suivant, que je reproduis ici pour mes lecteurs-auteurs-ailurophiles et que les liseurs-non-écrivains-ailurophobes peuvent sauter :

Le passage des pattes de chat sur les touches a pour effet de générer un texte parasite, que les anglophones appellent synthétiquement cat typing. *Pour un passage de droite à gauche, cela donne ;;;yhtc vvvz<w ou, de gauche à droite, azzs*

vfujil;=m, tests réalisés avec un vrai chat moyennement consentant. L'embêtant est que ces entrées de texte se produisent généralement en l'absence de l'esclave du chat, parti boire ou vider sa vessie. Aussi les écrivains et autres utilisateurs de PC se réjouiront-ils d'apprendre qu'un inventeur américain a conçu un logiciel capable de détecter et de bloquer quasi instantanément le cat typing. *Ce programme, baptisé PawSense, vaut vingt dollars. Mais les vaut-il vraiment ? Sauf cas d'extrême confusion mentale, ou de littérature très expérimentale, le* cat typing *se repère assez aisément à la relecture. C'est pourquoi Chris Niswander, auteur de PawSense, avance un argument supplémentaire : les pattounes du chat auraient une singulière aptitude à trouver les combinaisons de touches qui plantent l'ordinateur, au risque de faire perdre tout le texte intelligible tapé depuis la dernière sauvegarde. Et puis le logiciel a aussi une fonction éducative : dès qu'il repère du* cat typing, *il active une alarme sonore très désagréable. Cela dégoûte rapidement le chat des claviers, paraît-il ! Enfin, en cas d'alerte au chat, l'écran du PC affiche en grosses lettres capitales le message CAT-LIKE TYPING DETECTED, ce qui donne à l'utilisateur le sentiment gratifiant d'être aux commandes d'une centrale nucléaire dans un film de série B. PawSense veille en analysant la dynamique des touches et leurs combinaisons. L'humain et le félin ont des façons très différentes d'actionner un clavier. L'informatique est capable de les reconnaître « dès la première ou la deuxième foulée du chat ».*

Un cas cependant doit affoler l'ordinateur : comment distinguer le chat vautré sur le clavier de l'écrivain effondré sur son œuvre ? Ils ont des « signatures clavières » identiques : un gros paquet de touches enfoncées simultanément et durablement. Dans le fond, peu importe : le signal d'alarme fera fuir l'un ou réveillera l'autre !

— Ah non ! ma voiture est partie dans le décor. Elle allait franchir la ligne d'arrivée.

Alors, il s'activa pour sauver la partie, et je recommençai cinq minutes plus tard avec des « T » et des « I ».

— Mais pourquoi elle va tout droit ?

Il appuya désespérément sur une touche pendant que j'en maintenais une autre enfoncée de toutes mes forces.

— Surcouf ! Tu as encore la patte sur la barre d'espacement !

Je la posai alors sur ce qu'il nommait la « souris ». Il fallait vraiment beaucoup d'imagination pour prendre cette petite boîte grise pour une proie. J'avais beau la titiller, elle ne bronchait jamais, elle ne dégageait pas de phéromones et était dépourvue d'yeux. Je m'endormis, immobilisant ma victime d'un coussinet.

Je me mis à rêver à notre immortalité, à nous, la race des *Felis cattus* ; à notre perpétuation au fil des générations, grâce aux expressions félines usitées à travers les siècles, aux termes dérivés des félidés et à nos célèbres congénères.

Citez-moi trois locutions de la langue française dérivant du mot « chat » ! Ceci pourrait être le début d'un cours d'école primaire pour chatons. Moi, je peux répondre à la question. Prenons les mots d'usage courant : le « chas de l'aiguille », le « shah oriental » et le « cha-cha-cha ». Bon ! À peine ai-je commencé mon inventaire, que j'entends déjà les grincheux protester, prétextant que ça n'a rien à voir puisque l'orthographe en est différente. Mais avouez quand même que la prononciation est identique.

Je reprends mon énumération des chats-mots : d'abord, d'autres races animales ayant usurpé notre identité, sans nous ressembler le moins du monde, comme le « chat-huant » (dit « hulotte » pour les intimes) et le « poisson-chat » (d'accord, celui-là possède de belles moustaches, mais sait-il miauler ?). La pâtisserie s'est aussi inspirée de notre race avec les « langues de chat ». Le « chaton », lui, n'est plus cette petite boule duveteuse à peine née, mais un tas de poussière (beurk !). L'inflorescence du marronnier ou encore un support de pierre précieuse, comme les « œils-de-chat », quartz fin aux éclats chatoyants comme mes yeux. Même l'informatique puise dans notre univers : après la souris qui n'en est pas une, il y a maintenant le « chat web », sans poil, sans griffe, sans vibrisse. C'est un chat virtuel, très bavard sur les forums de discussion. Je citerai aussi « entrechat » et, moins drôle, le « chat à neuf queues » (moi, je n'en possède qu'une), qui fait fuir les enfants.

Tout au long de mes vies, les hommes, qui ont toujours eu beaucoup d'imagination pour m'interpeller m'ont affublé de différents sobriquets. Je ne compte plus les « chaton », « minou », « matou », « mistigris », « minette » (ça, c'est quand ils avaient omis de vérifier les attributs masculins, que je n'avais plus), « griffon », « greffier », « minet », « gouttière ».

Nous sommes aussi beaucoup plagiés dans les expressions de la vie courante. Je me rappelle avoir entendu ce genre de choses : « appeler un chat un chat », « j'ai d'autres chats à fouetter » (ça, c'était Pat quand il était énervé), « il n'y a pas de quoi fouetter un chat » (encore heureux), « jouer au chat et à la souris » (surtout avec la souris informatique), « jouer à chat perché » (avec Sylvestre, j'étais toujours gagnant : il ne me prenait jamais en défaut ; je n'étais jamais au sol), « acheter chat en poche » (très peu pour moi ; je suis trop gros pour tenir dans une poche, et puis moi, le lèche-vitrines...), « faire la chatte-mite » (expression peu connue qui signifie « prendre l'air modeste pour tromper l'autre ». Je vous donne la définition, ça vous évitera de sortir le dictionnaire), « donner sa langue au chat » (personnellement, je ne me rappelle pas qu'un jour quelqu'un m'en ait donné une. Ah ! si ! Une fois, Katia m'a servi de la langue de bœuf, et je l'ai recrachée aussi sec), « c'est du pipi de chat », « il n'y a pas un chat », « faire une toilette de chat », « la nuit, tous les chats sont gris », « chat échaudé craint l'eau froide », « dès potron-minet », « montrer patte blanche », « avoir un chat dans la gorge » (heureusement, je ne m'y suis jamais retrouvé).

Et voilà l'inventaire jamais réalisé à ce jour des expressions félines utilisées dans le langage courant. Comme il n'est pas exhaustif, si vous en connaissez d'autres, chattez-les-moi sur <http://chat-pitre.over-blog.com>.

Continuons la leçon avec les chats célèbres : le premier à être cité ne peut être que Bastet, la noble, la sublime, la divine, notre mère à tous, notre déesse, notre vénérée. Viennent ensuite le shah d'Iran, Georges Bernard Shaw (ah ! les grincheux se réveillent, passons !), le chat botté ou « peauté », Pussicat, les Aristochats, Félix le chat. Puis les couples célèbres : Tom et Jerry, Pif et Hercule, Grosminet et Titi, Koko et Yom-Yom, et, au début du siècle, le cabaret du Chat noir qui obtint un immense succès d'audience.

La liste est loin d'être complète, bien sûr, mais elle démontre l'osmose entre la race des humains et la race des félins.

Pourtant, le meilleur ami de l'homme est soi-disant le chien... Vous en connaissez beaucoup, vous, des expressions canines ? « Entre chien et loup », « les chiens aboient, la caravane passe », et puis après ? Rien ne me vient à l'esprit. Le monde s'est fourvoyé : le meilleur ami de l'homme sera toujours le chat.

— Rayon de soleil ! Rayon de soleil ! Tu viens ?

Ils étaient tous là, rassemblés autour de maman : Blanchette, Noirpiaux, Tigre, Arc-en-ciel, Black. Ils me faisaient une haie d'honneur, m'invitant à passer avec eux sous l'arche du paradis. Je les suivis jusqu'à la lueur, là-bas, au fond du tunnel.

Le premier son que j'entendis fut « kirk, kirk, kirk ! » J'étais aveugle ; je trouvai ce cri charmant ; je l'imitai de mon mieux. Je fis « kirk, kirk, kirk ! » Quelque chose de râpeux et d'humide me passa sur le nez et le corps ; je criai plus fort. Une sensation de vide au creux de l'estomac m'envahit. On me bouscula. Je donnai un coup de museau pour me défendre. J'ouvris la bouche, et une chose pointue et chaude me remplit la gueule. Je suçai machinalement ce bonbon acidulé, et un liquide mielleux et douceâtre me coula dans la gorge. Je n'avais jamais rien goûté d'aussi bon.

*Cet ouvrage a été composé et mis en pages
par* Étianne Composition
à Montrouge.

Achevé d'imprimer par GGP Media GmbH, Pößneck
en janvier 2016
pour le compte de France Loisirs,
Paris

N° d'éditeur : 83943
Dépôt légal : décembre 2015
Imprimé en Allemagne